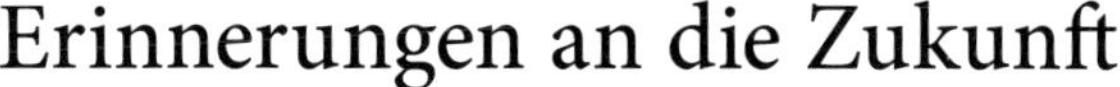

Erich von Däniken

Erinnerungen an die Zukunft

Ungelöste Rätsel der Vergangenheit

KOPP VERLAG

1. Auflage der Sonderausgabe April 2015
2. Auflage der Sonderausgabe November 2023

Umschlaggestaltung: Jennifer Hellwagner
Satz und Layout: Christine Ibele

ISBN: 978-3-86445-976-4

Gerne senden wir Ihnen unser Verlagsverzeichnis
Kopp Verlag
Bertha-Benz-Straße 10
D-72108 Rottenburg
E-Mail: info@kopp-verlag.de
Tel.: (0 74 72) 98 06-10
Fax: (0 74 72) 98 06-11

Unser Buchprogramm finden Sie auch im Internet unter:
www.kopp-verlag.de

Inhaltsverzeichnis

Vorwort zur Jubiläumsausgabe

Von Erich von Däniken

Seit dem Erscheinen von *Erinnerungen an die Zukunft* im Februar 1968 werde ich weltweit gefragt, wie dieses Buch entstanden sei und was mich auf diese »verrückte« Idee gebracht habe. Eins nach dem anderen:

Ich stamme aus einer sehr katholischen Familie in der Schweiz, und mein Vater fand, ich müsste eine theologisch orientierte Erziehung erhalten. So steckte er den 16-jährigen Erich in das Collège Saint-Michel in Fribourg. Das war eine Internatsschule, geleitet von Jesuiten. Meine damalige Vorstellung von Gott war grandios und gleichzeitig unverständlich – sie ist es bis heute geblieben. Doch Gott – WER oder WAS das auch immer war – musste über einige Minimaleigenschaften verfügen, dachte ich. Der wahre Gott müsste fehlerfrei sein, Gott könne gar nichts falsch machen. Er müsste allgegenwärtig sein und kein Fahrzeug brauchen, das ihn von Punkt A nach Punkt B bringt. Und insbesondere: Gott müsste zeitlos sein. Ein Wesen, das Experimente machen und dann abwarten musste, was dabei herauskam, konnte nicht Gott sein. Dies waren Gedanken über Gott im verwirrten Gehirn eines 16-Jährigen.

Im Theologieunterricht mussten wir immer wieder Texte aus der *Bibel* übersetzen. Oft vom Altgriechischen oder Lateinischen ins Deutsche. Und damit begann die Misere. Der Gott des Alten Testamentes benutzte Fahrzeuge für seine irdischen Besuche. Oft beschrieben mit Attributen wie »Rauch«, »Feuer«, »Beben«, »Lärm«. »Gefallene Engel« oder »Gottessöhne« stiegen vom Himmel hernieder und trieben Sex mit hübschen Menschentöchtern. Nachzulesen im ersten Buch Moses. Der biblische Gott machte Experimente und kannte deren Ausgang nicht – und noch schlimmer, er irrte sich. Zuerst schuf er nämlich den Menschen und sah, »dass es gut war«. Doch später »reute es den Herrn, dass er den Menschen geschaffen hatte, und es bekümmerte ihn tief«.

Er beschloss, die ganze Menschheit zu ertränken – mit Ausnahme von Noah und seiner Familie.

Was war das für ein widersprüchlicher Gott? Zweifel an meiner eigenen Religion plagten mich, und ich wollte wissen, ob andere alte Kulturen auch derartige Geschichten über ihren Gott kannten wie wir in der christlich-jüdischen Glaubenswelt. Jahrelang vertiefte ich mich in die Entstehungsgeschichten anderer Religionen. Und siehe da: Auch bei den Indern, den Tibetern, den Ägyptern, den Inka, Maya oder Azteken etc. stiegen irgendwelche Götter mit Rauch, Feuer, Beben und Lärm vom Firmament hernieder. Das war die Geburtsstunde von *Erinnerungen an die Zukunft*).

Nach 5 Jahren Jesuitenschule zog es mich in die Gastronomie. Das war nichts Besonderes, denn meine Großmutter führte ein Hotel/Restaurant, und die Schweizer Gastronomie hatte international einen guten Ruf. Ich war Kellner, Koch, Barkeeper, Rezeptionist und Hotelfachschüler. Durch die ganzen Hoteljahre hindurch arbeitete ich intensiv weiter an meinem Hobby: der Suche nach dem Ursprung der Götter. Ich verschlang unzählige archäologische und theologische Werke, reiste sehr viel, besuchte Ausgrabungsstätten und Tempel in fernen Ländern. Immer wieder gelang es mir, in verschiedenen Magazinen kleinere Artikel über meine Recherchen zu veröffentlichen. Am 8. Dezember 1964 druckte die deutschsprachige kanadische Zeitung *Der Nordwesten* (Erscheinungsort Winnipeg) einen Artikel von mir, der eine ganze Seite füllte. Sein Titel: »Erhielten unsere Vorfahren Besuch aus dem Weltall?«

Parallel zu meinem Hobby ging es mit der beruflichen Karriere steil nach oben. 1966 wurde ich Direktor eines First-Class-Hotels in Davos (Schweiz). Und während der Nachmittagsstunden saß ich in einem kleinen Kämmerchen und tippte ein Manuskript in die Schreibmaschine, das später ein Weltbestseller werden sollte.

Jetzt begannen neue Schwierigkeiten. Ich schickte das Manuskript an 25 Verlage – und alle lehnten es ab. Mit schöner Regelmäßigkeit landeten Briefe mit den üblichen Antworten auf meinem Schreibtisch: »Wir bedauern …«, »nicht für unseren Verlag geeignet …«, »zu spekulativ …«, »zu unprofessionell …«, »antireligiös …« etc. Ich wusste, dass ich auf einem Vulkan saß, doch niemand interessierte sich dafür. Einer meiner Hotelgäste war Dr. Thomas von Randow, damals Wissenschaftsredakteur der deutschen Wochenzeitschrift *Die Zeit*. Wir plauderten oft an der Bar miteinander, und er rief schließlich einen deutschen Verleger an, den er seit Langem kannte. Es war der Chef des

Econ Verlages in Düsseldorf, und der meinte, dass man es mit einer kleinen Auflage von 2000 Exemplaren versuchen könne. Im Februar 1968 erschien mein Werk *Erinnerungen an die Zukunft*.

Das Schweizer Wochenmagazin *Die Weltwoche* entschloss sich, das Buch in Fortsetzungen abzudrucken. Damit wurde eine Lawine losgetreten. In nur wenigen Wochen wurden allein in der Schweiz 20 000 Exemplare des Titels verkauft. Der Erfolg schwappte über die Grenzen nach Deutschland und Österreich. Ein Jahr nach Erscheinen druckte der Econ Verlag die 30. Auflage – mit den zuvor erschienenen waren das 800 000 Exemplare. Monat für Monat kamen neue Übersetzungen hinzu. Die *New York Times* schrieb, ein neuer Virus, »Dänikenitis« genannt, sei ausgebrochen.

Mit der Erfolgswelle kam die Kritik. Als wäre ein warmer Regen niedergegangen, sprossen »Gegenbücher« aus dem Boden. Es waren manche Sumpfblüten darunter. Selbstverständlich gab es in *Erinnerungen an die Zukunft* auch Fehler. Als junger Autor ist man begeisterungsfähig und leichtgläubig. Die Selbstkritik fehlt. Man übernimmt die Ansichten aus anderen, auch wissenschaftlichen Büchern, um später belehrt zu werden, dass diese Auffassungen eines hochgelobten Wissenschaftlers inzwischen widerlegt seien. Oder man glaubt einem seriös erscheinenden Reiseleiter, um nach einem Jahr feststellen zu müssen, dass seine Darstellungen über irgendwelche Ruinen Unsinn gewesen sind. So schrieb ich in *Erinnerungen an die Zukunft*, die Insel Elephantine (Assuan, Ägypten) habe ihren Namen nur deshalb, weil sie aus der Luft die Konturen eines Elefanten zeige. Das hatte man mir vor Ort erklärt. In Wahrheit trägt die Insel ihren Namen, weil früher Elefanten darauf grasten. Oder ich schrieb über einen Pfeiler aus einem unbekannten Metall, der in einem Tempelhof in Delhi (Indien) steht. Der Pfeiler roste nicht, sagten mir damals die Tempelhüter. Bestand das Stück aus einer außerirdischen Legierung?, fragte ich. Inzwischen rostet das Miststück.

Trotz einiger Irrtümer ist kein Eckpfeiler meines Denkgebäudes zum Einsturz gebracht worden. Und was die Kritiker stets übersahen: In *Erinnerungen an die Zukunft* stehen 323 Fragezeichen. Fragen sind das Gegenteil von Behauptungen.

Seit 1969 wurden unzählige Filme und Fernsehserien mit meinem Gedankengut produziert. Darunter die TV-Serie *Ancient Aliens* des US-History-Kanals. Andere Menschen nahmen sich des Themas an und schrieben ihrerseits Bücher über die außerirdischen Götter. Darunter einige Wissenschaftler unter Berücksichtigung der Erkenntnisse aus ihrem jeweiligen Fachbereich. Ich selbst verfasste nach *Erinnerungen an die Zukunft* weitere 46 Sachbücher. In allen geht es um dieselben Fragen: Erhielten unsere Vorfahren Besuch aus dem Weltall? Waren die antiken Götter fremde Astronauten?

Heute, mit 88 Jahren, weiß ich definitiv, dass unsere gute alte Erde einst von Außerirdischen besucht wurde. Ich weiß aber auch, dass jene Besucher unseren Vorfahren versprachen, auf die Erde zurückzukehren. Inzwischen sind sie zurückgekehrt – siehe UFOs. Und die Menschheit täte gut daran, sich mit diesem Gedanken zu befassen.

Doch angefangen hat alles mit Religionszweifeln in einem katholischen Jesuiteninternat …

Vorwort

Erinnerungen an die Zukunft – gibt es die? Erinnerungen an etwas, das wiederkommt? Gibt es einen ewigen Kreislauf der Natur, ein ewiges Zusammenfließen der Zeiten?

Ahnt die Raupe, dass sie im Frühling als Schmetterling wiedererwacht? Spürt das Gasmolekül das Gesetz, nach dem es später oder früher wieder in die Sonne sinkt? Weiß die Intelligenz, dass sie mit allen Räumen der Ewigkeit verbunden ist?

Der Mensch von heute ist anders als der Mensch von gestern oder vorgestern. Der Mensch ist immer wieder neu und erneuert sich fortwährend auf der unendlichen Linie, die wir ZEIT nennen. Der Mensch wird die Zeit begreifen – und beherrschen müssen! Denn die Zeit ist der Same des Universums. Und ohne ein Ende gibt es eine Zeit, in der alle Zeiten zusammenfließen.

Es gibt Erinnerungen an die Zukunft. Was wir heute noch nicht wissen, hält das Universum verborgen. Vielleicht werden einige Geheimnisse geklärt. Heute, morgen, irgendwann. Das Universum kennt keine Zeit und keinen Zeitbegriff.

Dieses Buch wäre ohne die aufmunternde Hilfe vieler Menschen nicht entstanden. Ich danke meiner Frau, die mich in den vergangenen Jahren wenig zu Haus hatte, für ihr Verständnis. Ich danke meinem Freund Hans Neuner, der mich auf 100 000 Reisekilometern begleitete und mir immer eine wertvolle Hilfe war. Ich danke den Herren Dr. Stehlin und Louis Emrich für ihren fortdauernden Zuspruch. Ich danke allen NASA-Mitarbeitern in Houston, Cape Kennedy und Huntsville, die mich durch ihre grandiosen wissenschaftlich-technischen Forschungsstätten führten. Ich danke den Herren Professoren Dr. Wernher von Braun, Dr. Willy Ley und Herrn Bert Slattery. Ich danke all den ungezählten Männern und Frauen rund um den Globus, die durch Gespräche, Anregungen und direkte Hilfen das Entstehen dieses Buches möglich machten.

Erich von Däniken

Einleitung

Dieses Buch zu schreiben, ist eine Mutfrage – es zu lesen nicht minder.

Gelehrte werden es, weil seine Thesen und Beweise nicht in das mühsam gekittete Mosaik bereits zementierter Schulweisheit passen, als Utopie auf den Index jener Bücher setzen, über die man besser nicht spricht. Und Laien, die sich von den Visionen der Zukunft noch im Schlaf beunruhigt fühlen, werden sich vor der Möglichkeit, ja, der Wahrscheinlichkeit, dass unsere Vergangenheit noch geheimnisvoller, noch kühner, noch rätselhafter als die Zukunft zu entdecken sein wird, ins Schneckenhaus der ihnen vertrauten Welt zurückziehen.

Denn das ist gewiss: Mit unserer Vergangenheit, jener, die Tausende und Millionen Jahre zurückliegt, stimmt etwas nicht! In ihr wimmelt es von unbekannten Göttern, die in bemannten Raumschiffen der guten, steinalten Erde Besuche abstatteten. In ihr gab es Geheimwaffen, Superwaffen und unvorstellbare technische Erkenntnisse, deren Know-how wir heute zum Teil noch nicht wieder erworben haben.

Mit unserer Archäologie stimmt etwas nicht! Da findet man, viele tausend Jahre alt, elektrische Batterien. Da gibt es seltsame Wesen in perfekten Raumanzügen, die mit Gürtelschnallen aus Platin geschlossen sind. Da gibt es – und kein Computer hat sie hingeschrieben – 15-stellige Zahlenreihen. Im grauesten Altertum werden wir einem ganzen Arsenal von Unvorstellbarem begegnen. Woher aber nahmen die Ur-Ur-Menschen jene Fähigkeiten, dies Unvorstellbare zu schaffen?

Und mit unseren Religionen stimmt etwas nicht! Allen Religionen ist gemeinsam, dass sie den Menschen Heil und Hilfe verheißen. Auch die uralten Götter gaben solche Versprechen. Warum hielten sie sich nicht daran? Warum setzten sie supermoderne Waffen gegen primitive Menschen ein? Und warum planten sie deren Vernichtung?

Machen wir uns mit dem Gedanken vertraut, dass die Vorstellungswelt, die in Jahrtausenden wuchs, zusammenbrechen wird. Wenige Jahre exakter Forschung brachten bereits das Denkgebäude, in dem wir es uns wohnlich gemacht hatten, zu Fall. Erkenntnisse, die in Bibliotheken geheimer Gesellschaften verborgen wurden, sind neu entdeckt. Das Zeitalter der Raumfahrt ist kein Zeitalter der Geheimnisse mehr. Die Raumfahrt, die zu Sonnen und Sternen strebt, lotet uns auch die Abgründe unserer Vergangenheit aus. Aus dunklen Grüften treten Götter und Priester, Könige und Heiden. Wir haben ihnen ihre Geheimnisse abzufordern, denn wir haben die Mittel dazu, unsere Vergangenheit gründlich und – wenn wir es nur wollen – lückenlos zu entdecken.

Die Altertumsforschung muss zur Arbeit im modernen Laboratorium werden.

Der Archäologe soll sich mit hochempfindlichen Messinstrumenten an die verwüsteten Stätten der Vergangenheit begeben.

Der wahrheitssuchende Priester muss wieder beginnen, an allem Etablierten zu zweifeln.

Die Götter der grauen Vorzeit haben unübersehbare Spuren hinterlassen, die wir erst heute lesen und entziffern können, denn das Problem der Raumfahrt, uns heute hautnah, gab es für den Menschen seit Jahrtausenden nicht mehr. Denn ich behaupte: Im grauen Altertum hatten unsere Vorfahren Besuch aus dem Weltall! Wenn wir auch heute noch nicht wissen, wer immer diese außerirdische Intelligenz war und von welchem fernen Stern sie herniederkam, so bin ich doch überzeugt, dass diese »Fremden« einen Teil der damals existierenden Menschheit vernichteten und einen neuen, vielleicht den ersten *homo sapiens* zeugten.

Diese Behauptung ist grundstürzend. Sie zertrümmert den Sockel, auf dem ein scheinbar so perfektes Denkgebäude konstruiert wurde. Es ist Sache dieses Buches, zu versuchen, Beweise für diese Behauptung zu liefern.

Kapitel I

Gibt es menschenähnliche Lebewesen im Kosmos? – Ist Wachstum ohne Sauerstoff möglich? – Gibt es Leben in tödlicher Umgebung?

Ist es denkbar, dass wir Weltbürger des 20. Jahrhunderts nicht die einzigen menschenähnlichen Lebewesen im Kosmos sind? Da noch kein Homunculus vom anderen Stern präpariert in einem Museum für Menschheitskunde zu besichtigen ist, scheint die Antwort »Nur unsere Erde hat menschliche Lebewesen« überzeugend und legitim zu sein. Der Wald von Fragezeichen freilich wächst und wächst, sobald wir Tatsachen neuester Funde und Forschungen in einen kausalen Zusammenhang bringen.

Das blanke Auge sieht in einer klaren Nacht – sagen die Astronomen – rund 4500 Sterne am Firmament. Bereits das Fernrohr einer kleinen Sternwarte holt schier zwei Millionen ins Sichtbare, während ein modernes Spiegelteleskop das Licht von Milliarden Sternen heranholt … Lichtpunkte der Milchstraße. In den ungeheuren Dimensionen des Kosmos aber ist unser Sternensystem nur ein winziger Teil eines ungleich größeren Sternensystems – wenn man so sagen will: eines Milchstraßenbündels, das etwa 20 Galaxien in einem Halbmesser von 1,5 Millionen Lichtjahren zusammenhält (1 Lichtjahr = 9,5 Billionen Kilometer). Und auch diese Sternenmenge ist wiederum nur gering im Vergleich zu den vielen tausend Spiralnebeln, die elektronische Teleskope ausgemacht haben. Bis auf den heutigen Tag. Aber dieser Tag der Forschung hat erst begonnen.

Der Astronom Harlow Shapley nimmt allein im Bereich unserer Teleskope etwa 10^{20} Sterne an. Wenn Shapley nur einem unter 1000 Sternen ein Planetensystem zuordnet, darf man eine sehr vorsichtige Schätzung annehmen. Spekulieren wir auf dieser Schätzung weiter und vermuten nur auf einem unter 1000 Sternen die Voraussetzungen für Leben, so ergibt diese Rechnung immer noch eine Zahl von 10^{14}. Shapley fragt: Wie viele Sterne in dieser wahrhaft »astronomischen« Zahl haben eine für Leben geeignete Atmosphäre? Von 1000 einer? Dann bliebe immer noch die unausdenkbare Zahl von 10^{11} Sternen, die die Prämissen für Leben trügen. Selbst wenn wir annehmen, dass aus dieser Zahl nur jeder tausendste Planet Leben erzeugt hat, dann bleiben immer noch 100 Millionen Planeten für eine Spekulation auf Leben. Diese Berechnung beruht auf den mit heutigen technischen Möglichkeiten ausgestatteten Teleskopen, die in einer fortdauernden Entwicklung stehen.

Folgt man den Hypothesen des Biochemikers Dr. S. Miller, dann haben sich auf einigen dieser Planeten Leben und Lebensbedingungen möglicherweise schneller entwickelt als auf der Erde. Folgen wir dieser kühnen Rechnung, so könnten sich auf 100 000 Planeten Zivilisationen entwickelt haben, die der unseren voraus sind.

Professor D. Willy Ley, bekannter wissenschaftlicher Schriftsteller und Freund Wernher von Brauns, sagte mir in New York:

»Die Schätzung der Sternenzahl allein in unserer Milchstraße beläuft sich auf 30 Milliarden Sterne. Die Annahme, dass unsere Milchstraße mindestens 18 Milliarden planetarische Systeme umfasst, wird heute von der Astronomie für annehmbar betrachtet. Machen wir nun den Versuch, die in Betracht kommenden Zahlen auf die kleinste Größe zu bringen, und nehmen wir an, die Entfernungen der Planetensysteme wären so bemessen, dass nur in einem von 100 Fällen ein Planet in der Ökosphäre seine Sonne umläuft, dann bleiben immer noch 50 Millionen Planeten, die Leben tragen könnten. Nehmen wir weiter an, dass nur einer von 100 Planeten, die Leben beherbergen könnten, dies auch tatsächlich tut: Wir hätten immer noch die Zahl von 1,8 Millionen Planeten mit Leben. Eine weitere Annahme sähe pro 100 Planeten mit Leben je einen Planeten vor, auf dem Wesen mit dem Intelligenzgrad des *homo sapiens* leben. Doch selbst diese letzte Annahme gewährt unserer Milchstraße immer noch ein Heer von 18 000 bewohnten Planeten.«

Da neueste Zählungen 100 Milliarden Fixsterne in unserer Milchstraße nennen, spricht die Wahrscheinlichkeit für eine ungleich höhere Zahl, als Professor Ley sie in seiner vorsichtigen Rechnung veranschlagt.

Ohne utopische Ziffern heranzuziehen und fremde Galaxien zu berücksichtigen, dürfen wir in relativer Erdnähe 18 000 Planeten mit unserem Planeten ähnlichen Lebensbedingungen vermuten. Wir können allerdings noch weiter gehen und spekulieren: Würde von diesen 18 000 Planeten in der Tat nur ein Prozent bewohnt sein, blieben immer noch 180!

Unzweifelhaft ist wohl die Existenz erdähnlicher Planeten – mit ähnlicher atmosphärischer Zusammensetzung, mit ähnlicher Gravitation, mit ähnlicher Flora und vielleicht sogar Fauna. Aber: Müssen es überhaupt Planeten mit erdähnlichen Konditionen sein, die Leben tragen?

Durch Forschung überholt ist die Meinung, Leben könne nur unter erdähnlichen Bedingungen gedeihen. Irrig ist es, zu glauben, ohne Wasser und ohne Sauerstoff könne Leben nicht existieren. Tatsächlich gibt es sogar auf unserer Erde Lebewesen, die keinen Sauerstoff benötigen. Das sind die anaeroben Bakterien. Eine bestimmte Menge Sauerstoff wirkt für sie wie Gift. Warum sollte es keine höheren Lebewesen geben, die des Sauerstoffs nicht bedürfen?

Wir werden unter dem Druck und Eindruck täglich neu gewonnener Erkenntnisse unsere Vorstellungs- und Begriffswelt überholen müssen. Unsere bis in die jüngste Vergangenheit auf unsere Erde konzentrierte Entdeckungsfreude hat diese unsere Welt zum idealen Planeten hochgelobt: Er ist nicht zu heiß und nicht zu kalt; Wasser gibt es in Hülle und Fülle; Sauerstoff ist in großen Mengen vorhanden; organische Prozesse verjüngen die Natur immer aufs Neue.

Tatsächlich ist die Annahme, nur auf einem erdähnlichen Planeten könne sich Leben halten und entwickeln, nicht vertretbar. Auf der Erde – schätzt man – leben zwei Millionen verschiedener Arten von Lebewesen. Davon sind – wiederum schätzungsweise – 1,2 Millionen wissenschaftlich »erfasst«. Und unter diesen von der Wissenschaft erfassten Lebewesen vegetieren einige tausend, die nach den bisher landläufigen Vorstellungen eigentlich gar nicht leben können dürften! Die Prämissen für Leben müssen neu durchdacht und geprüft werden.

Beispielsweise sollte man denken, dass hoch radioaktives Wasser keimfrei wäre! Tatsächlich aber finden sich einige Bakterienarten mit diesem tödlichen Wasser, das Kernreaktoren umgibt, ab. Der Versuch des Wissenschaftlers Dr. Siegel mutet gespenstisch an: Dr. Siegel schuf im Labor die Lebensbedingungen der Jupiteratmosphäre und züchtete in dieser Atmosphäre, die nichts gemein hat mit den Voraussetzungen, die wir bisher dem »Leben« zumessen, Bakterien und Milben. Ammoniak, Methan und Wasserstoff töteten sie nicht ab. – Die Versuche der Entomologen Hinton und Blum von der Universität Bristol, England, ergaben nicht weniger verblüffende Resultate. Die beiden Wissenschaftler dörrten eine Zuckmückenart viele Stunden bei einer Temperatur von bis zu 100 Grad Celsius; dann tauchten sie ihre Versuchswesen sofort in flüssiges Helium, das bekanntlich Weltraumtemperatur hat. Nach einer harten Bestrahlung gewährten sie den Zuckmücken wieder ihre normalen Lebensbedingungen. Das Unmögliche geschah: Die Larven setzten ihren biologischen Lebensprozess fort, es entschlüpften ihnen völlig »gesunde« Zuckmücken. – Wir wissen von Bakterien, die in Vulkanen leben, von anderen, die Gestein fressen, und solchen, die Eisen produzieren. Der Wald der Fragezeichen wächst.

An vielen Forschungsstätten laufen die Versuche. Immer neue Beweise häufen sich, dass Leben keineswegs an die existenziellen Voraussetzungen unseres Planeten gebunden ist. Die Lebensgesetze und die Lebensbedingungen der Erde schienen Jahrhunderte der Nabel der Welt zu sein. Diese Überzeugung verschob und verwischte die Perspektiven; sie legte den Forschenden Scheuklappen an, die sie das Weltall mit unseren Maßen und Denksystemen betrachten ließ. Teilhard de Chardin, der epochale Denker, postulierte: Im Kosmos hat nur das Fantastische eine Chance, real zu sein!

Die Umkehrung unserer Denkweise würde – ebenso fantastisch wie real – bedeuten, dass Intelligenzen eines anderen Planeten *ihre* Lebensbedingungen zum Maßstab nähmen. Falls sie bei Temperaturen zwischen minus 150–200 Grad Celsius leben, könnten sie solche, unser Leben auslöschende Temperaturen für die Voraussetzung des Lebens auf anderen Planeten werten. Das entspräche der Logik, mit der wir versuchen, das Dunkel unserer Vergangenheit zu erhellen.

Wir sind es unserer – von Generation zu Generation übernommenen – Selbstachtung schuldig, vernünftig und objektiv zu sein; lapidar gesagt, immer brav und zuverlässig mit beiden Beinen auf der Erde zu stehen. Irgendwann schien jede kühne These Utopie zu sein. Wie viele Utopien sind längst alltägliche Wirklichkeit geworden! Selbstverständlich und voller Absicht sollen hier Beispiele die extremsten Möglichkeiten andeuten. Doch, indem das Unwahrscheinliche, das heute noch nicht Denkbare projiziert wird, werden Barrieren fallen, die uns unbefangen die Unmöglichkeiten, die der Kosmos noch verbirgt, erkennen lassen. Kommende Generationen werden im Weltall einer Fülle ungeahnten Lebens begegnen. Wenn wir es auch nicht mehr erleben sollten, werden sie sich damit abfinden müssen, nicht die einzige und sicher nicht die älteste Intelligenz im Kosmos zu sein.

Das Alter des Universums wird auf acht bis zwölf Milliarden Jahre geschätzt. Meteoriten bringen Spuren organischer Stoffe unter unsere

Mikroskope. Millionen Jahre alte Bakterien erwachen zu neuem Leben. Sporen, infolge des Lichtdrucks einer Sonne schwebend, durchziehen das Weltall und werden irgendwann von der Gravitation eines Planeten eingefangen. Neues Leben entwickelt sich im unendlichen Kreislauf der Schöpfung seit Jahrmillionen. Zahlreiche und sorgfältige Untersuchungen verschiedenster Gesteine in allen Teilen unserer Welt beweisen, dass die Erdkruste sich vor etwa vier Milliarden Jahren gebildet hat. Ja, und seit einer Million Jahre, weiß die Wissenschaft, existiert so etwas wie der Mensch! Aus diesem riesigen Strom der Zeit gelang es mit viel Fleiß, vielen Abenteuern und forschender Neugier, ein Rinnsal von 7000 Jahren Menschheitsgeschichte einzudämmen. Was aber sind 7000 Jahre Menschheitsgeschichte gegen Milliarden Jahre Universumsgeschichte?

Wir – die Krone der Schöpfung? – brauchten 400 000 Jahre, um zu unserem heutigen Status und unserer heutigen Statur zu kommen. Wer hat die Beweislast zu tragen: Warum soll ein anderer Planet nicht günstigere Umweltbedingungen für die Entwicklung anderer oder ähnlicher Intelligenz geboten haben? Warum können wir auf anderen Planeten nicht eine »Konkurrenz« haben, die uns ebenbürtig oder überlegen ist? Darf man diese Möglichkeit außer Betracht lassen? Bislang taten wir es.

Wie oft sanken die Säulen unserer Weisheit in Trümmer! Viele hundert Generationen glaubten, die Erde sei eine Scheibe. Viele tausend Jahre galt das eherne Gesetz: Die Sonne dreht sich um die Erde. Noch sind wir überzeugt, unsere Erde sei der Mittelpunkt des Alls – obwohl erwiesen ist, dass die Erde ein ganz gewöhnliches, der Größe nach unbedeutendes Gestirn ist: 30 000 Lichtjahre vom Zentrum der Milchstraße entfernt …

Es ist an der Zeit, dass wir durch Entdeckungen im unendlichen, unerforschten Kosmos unsere eigene Winzigkeit erkennen. Dann erst werden wir wissen, dass wir Ameisen im Staat des Universums sind. Aber unsere Chance liegt im Weltall – nämlich dort, wo es die Götter versprachen.

Erst nach einem Blick in die Zukunft werden wir Kraft und Kühnheit genug haben, unsere Vergangenheit ehrlich und unvoreingenommen zu erforschen.

Kapitel II

Die fantastische Reise eines Raumschiffes ins All – »Götter« kommen zu Besuch – Spuren, die nicht verwehen

Jules Verne, Ahnherr aller utopischen Romane, ist ein braver Schriftsteller geworden: Sein Griff nach den Sternen ist keine Utopie mehr, und die Astronauten unseres Jahrzehnts reisen nicht in 80 Tagen, sondern in 86 Minuten einmal um die Welt. Wenn wir hier Möglichkeiten und Stationen einer fantastischen Reise notieren, wird diese in weniger Jahrzehnten realisierbar sein, als Zeit vergehen musste, um Jules Vernes wahnwitzige Vorstellung von einer Reise um die Welt in 80 Tagen auf eine Blitzreise von 86 Minuten zusammenschnurren zu lassen. Denken wir aber nicht in zu engen Zeiträumen! Nehmen wir an, unser Raumschiff würde in 150 Jahren von der Erde auf eine fremde, ferne Sonne starten …

Das Raumschiff würde die Größe eines heutigen Ozeandampfers haben – demnach eine Startmasse von etwa 700 000 Tonnen mit einem Treibstoffanteil von 99 800 Tonnen, also einer effektiven Nutzlast von weniger als 200 Tonnen.

Unmöglich?

Heute schon könnten wir Stück für Stück ein Raumschiff auf einer Umlaufbahn um einen Planeten zusammensetzen. Selbst diese Montage wird sich in weniger als zwei Jahrzehnten erübrigen, weil das Riesenraumschiff auf dem Mond startklar gemacht werden kann. Überdies ist die Grundlagenforschung für die Raketentriebwerke von morgen in vollem Gang. Triebwerke von morgen werden vor allem Staustrahltriebwerke mit einer Kernfusion von Wasserstoff zu Helium oder Materiezerstrahlungen sein, deren Strahlgeschwindigkeit die

Lichtgeschwindigkeit erreicht. Ein neuer, kühner Weg – dessen Gangbarkeit im physikalischen Experiment an einzelnen Elementarteilchen bereits erwiesen wurde – wird die Photonenrakete sein. Die an Bord der Photonenrakete mitgeführten Treibstoffe erlauben eine so hohe Annäherung der Fluggeschwindigkeit an die Lichtgeschwindigkeit, dass die relativen Effekte, besonders die Zeitdilatation zwischen Startplatz und Raumschiff, voll zur Auswirkung kommen können. Die Treibstoffmassen werden in elektromagnetische Strahlung verwandelt und als gebündelter Antriebsstrahl mit Lichtgeschwindigkeit ausgesendet. Theoretisch kann das mit Photonentriebwerken ausgerüstete Raumschiff bis zu 99 Prozent die Geschwindigkeit des Lichtes erreichen. Mit dieser Geschwindigkeit werden die Grenzen unseres Sonnensystems gesprengt sein!

Eine Vorstellung, wahrhaftig, die schwindlig macht. An der Schwelle eines neuen Zeitalters aber sollten wir uns erinnern, dass die Riesenschritte der Technik, die unsere Großväter erlebten, zu ihrer Zeit nicht minder schwindelerregend waren: Eisenbahn – Elektrizität – Telegraf – erstes Auto – erste Flugmaschine … Wir hörten zum ersten Mal »*Music in the air*« – wir sehen fern in Farbe – wir erlebten die ersten Startschüsse der Raumfahrt und holen Nachrichten und Bilder von Satelliten, die die Erde umkreisen. Unsere Kindeskinder werden an interstellaren Reisen teilnehmen und an technischen Fakultäten kosmische Forschung betreiben.

Verfolgen wir die Reise unseres fantastischen Raumschiffes, dessen Ziel ein ferner Fixstern sein soll. Freilich wäre es amüsant sich vorzustellen, wie die Besatzung des Raumschiffes sich auf ihrer Reise die Zeit vertreibt. Mögen die Entfernungen noch so ungeheuer sein, und mag die Zeit für die wartend Daheimgebliebenen noch so langsam dahinkriechen: Einsteins Relativitätstheorie gilt unbestritten! Es mag unbegreiflich sein, tatsächlich aber vergeht die Zeit in dem knapp unter der Lichtgeschwindigkeit fliegenden Raumschiff langsamer als auf der Erde.

Beträgt die Geschwindigkeit des Raumschiffes 99 Prozent der Lichtgeschwindigkeit, so verstreichen für unsere Besatzung auf dem Flug ins Weltall 14,1 Jahre, während für die Daheimgebliebenen 100 Jahre vergehen. Diese Zeitverschiebung zwischen den Raumfahrern und den Erdbewohnern lässt sich nach der folgenden Gleichung berechnen, die sich aus den Lorentztransformationen ergibt:

$$\frac{t}{T} = \sqrt{1-(v/c)^2}$$

(t = Zeit der Raumfahrer, T = Zeit auf der Erde,
v = Fluggeschwindigkeit, c = Lichtgeschwindigkeit)

Die Fluggeschwindigkeit des Raumschiffes lässt sich nach der von Professor Ackeret abgeleiteten Raketengrundgleichung berechnen:

$$v/w = \frac{1-(1-t)^{2w/c}}{w/c \cdot [1+(1-t)^{2w/c}]}$$

(v = Fluggeschwindigkeit, w = Strahlgeschwindigkeit,
c = Lichtgeschwindigkeit, t = Treibstoffanteil am Startgewicht)

In dem Augenblick, in dem sich unser Raumschiff dem Zielstern nähert, wird die Besatzung fraglos Planeten ausmachen, orten, deren Temperatur durch Spektralanalysen messen und Umlaufbahnen berechnen. Sie wird sich schließlich den Planeten als Landeplatz auswählen, dessen Gegebenheiten denen unserer Erde am Nächsten kommen. Bestünde unser Raumschiff nach einer Reise von beispielsweise 80 Lichtjahren nur noch aus Nutzlast, weil die gesamte Antriebsenergie verbraucht wurde, dann müsste die Besatzung die Tanks ihres Fahrzeugs am Ziel mit brennbarem Material ergänzen.

Nehmen wir also an, der zur Landung ausgesuchte Planet wäre erdähnlich. Wir sagten schon, dass diese Annahme gar nicht so unmöglich ist. Wagen wir auch noch die Vermutung, die Zivilisation des angelandeten Planeten stünde ungefähr dort, wo die Entwicklung der Erde vor 8000 Jahren stand. Dies alles wäre ja mit den Messgeräten des Raumschiffes lange vor der Landung festgestellt worden. Selbstverständlich haben unsere Raumfahrer auch einen Landeplatz ermittelt, der in der Nähe eines Vorkommens von spaltbarem Material liegt: Die Instrumente zeigen schnell und zuverlässig an, in welcher Gebirgskette Uran zu finden ist.

Die Landung ist planmäßig erfolgt.

Unsere Raumfahrer sehen Wesen, die Steinwerkzeuge schleifen; sie sehen, wie sie auf der Jagd Wild mit Wurfspeeren erlegen; Schaf- und Ziegenherden grasen in der Steppe; primitive Töpferei liefert einfache Haushaltsgeräte. Fürwahr, ein seltsamer Anblick für unsere Astronauten!

Was aber denken die primitiven Wesen auf diesem Planeten von dem Ungetüm, das da eben landete, und von den Gestalten, die ihm entstiegen? Vor 8000 Jahren waren wir, vergessen wir es nicht, ja auch noch Halbwilde. Nur zu verständlich, wenn die Halbwilden, die diesem Ereignis beiwohnen, ihre Gesichter in dem Boden verbergen und nicht wagen, die Augen zu heben. Bis auf diesen Tag haben sie die Sonne und den Mond angebetet. Und nun ist etwas Ungeheuerliches geschehen: Die Götter sind vom Himmel gekommen!

Aus sicherem Versteck beobachten die Ureinwohner des Planeten unsere Raumfahrer: Die tragen merkwürdige Helme mit Stäben daran auf den Köpfen (Helme mit Antennen); sie staunen, wie die Nacht taghell erleuchtet wird (Scheinwerfer); sie erschrecken, als sich die fremden Wesen mühelos in die Luft erheben (Raketengürtel); sie bohren ihre Köpfe wieder in den Boden, wenn sich unheimlich-unbekannte »Tiere« schnaubend, dröhnend, surrend aufschwingen (Helikopterluftkissen, Allzweckfahrzeuge), und schließlich ergreifen sie die Flucht in den sicheren Hort ihrer Höhlen, wenn aus den Bergen ein beängstigendes Grollen und Dröhnen hallt (Versuchssprengung). Wirklich, für die Primitiven müssen unsere Astronauten wie allmächtige Götter sein!

Während die Raumfahrer ihre schwere Tagesarbeit fortsetzen, wird sich vermutlich nach einiger Zeit eine Abordnung von Priestern oder Medizinmännern dem Raumfahrer, in dem sie mit Urinstinkt den Boss vermuten, nähern, um Fühlung mit den Göttern aufzunehmen. Sie bringen Geschenke, mit denen sie den Gästen huldigen wollen. Denkbar, dass unsere Leute die Sprache der Ureinwohner mithilfe eines Computers schnell erlernt haben und sich für die erwiesenen Artigkeiten bedanken können. Indes, es hilft nichts, dass man in ihrer Sprache erklären kann, dass keine Götter landeten, dass keine höheren, anbetungswürdigen Wesen einen Besuch abstatten. Das glauben sie nicht, unsere primitiven Freunde. Die Raumfahrer kamen von anderen Sternen, sie haben augenscheinlich ungeheure Macht und die Fähigkeit, Wunder zu tun. Sie müssen Götter sein! Es hat auch keinen Sinn, irgendeine Handreichung erklären zu wollen. Alles geht über die Vorstellungskraft der so schreckvoll Überfallenen hinaus.

So unausdenkbar die Fülle der Dinge ist, die sich vom Tage der Landung an ergibt, könnten auf einem vorher konzipierten Plan doch solche Punkte stehen:

Teile der Bevölkerung werden dafür gewonnen und geschult, um in einem gesprengten Krater bei der Suche nach spaltbarem Material, das für die Rückkehr zur Erde benötigt wird, mitzuwirken.

Der Klügste der Ureinwohner wird zum »König« gewählt. Als sichtbares Zeichen seiner Macht bekommt er ein Funkgerät, mit dem er jederzeit die »Götter« erreichen und ansprechen kann.

Unsere Astronauten versuchen, ihnen die einfachsten zivilisatorischen Lebensformen und einige Moralbegriffe beizubringen, um dadurch die Entwicklung für eine gesellschaftliche Ordnung zu ermöglichen.

Unsere Gruppe wird von einem anderen »Volk« angegriffen. Da noch keine ausreichende Förderung spaltbaren Materials eingebracht ist, wird den Angreifern nach vielen Warnungen eine Abfuhr mit modernen Waffen erteilt.

Wenige ausgesuchte Frauen werden von Raumfahrern befruchtet. So kann eine neue Rasse entstehen, die einen Teil der natürlichen Evolution überspringt.

Aus unserer eigenen Entwicklung wissen wir, wie lange es dauern wird, bis diese neue Rasse weltraumtüchtig sein wird. Deshalb werden vor dem Rückflug zur Erde sichtbare und deutliche Spuren zurückgelassen, die allerdings erst später, viel später von einer technifizierten, mathematisch fundierten Gesellschaft begriffen werden können.

Fragwürdig wird ein Versuch bleiben, unsere Schützlinge vor kommenden Gefahren zu warnen. Selbst wenn wir ihnen grausigste Filme von Kriegen auf der Erde und von Atomexplosionen zeigen, wird das die Wesen auf diesem Planeten ebenso wenig hindern, die gleichen Torheiten zu begehen, wie das die (fast) alles wissende Menschheit nicht hindert, immer wieder mit der glühenden Flamme des Krieges zu spielen.

Während unser Raumschiff wieder in den Nebeln des Universums verschwindet, werden unsere Freunde das Wunder – »Die Götter waren da!« – bereden; sie werden es in ihre simple Sprache übersetzen, es zur Sage machen, diesen Söhnen und Töchtern übermitteln, und sie werden Geschenke und Werkzeuge und alles, was die Raumfahrer zurückließen, zu Reliquien machen, die heilig sind.

Wenn unsere Freunde der Schriftzeichen mächtig sein werden, mögen sie das Geschehene aufzeichnen: unheimlich, seltsam, der Wunder voll.

Dann wird zu lesen sein – und Zeichnungen werden es darstellen –, dass Götter in goldenen Kleidern da waren in einer fliegenden Barke, die in einem ungeheuren Getöse niederging. Man wird schreiben von Wagen, in denen die Götter über Meer und Steppe fuhren, und von furchtbaren Waffen, die den Blitzen glichen, und man wird erzählen, dass sie versprachen, wiederzukommen.

Ins Gestein hämmern und kritzeln sie Bilder des einstmals Geschauten:

Unförmige Riesen, die Helme und Stäbe auf den Köpfen und Kästen vor der Brust tragen;

Kugeln, auf denen undefinierbare Wesen sitzen und durch die Luft reiten;

Stäbe, aus denen Strahlen wie aus einer Sonne geschleudert werden;

Gebilde, eine Art von Fahrzeugen, die Rieseninsekten gleichen.

Der Fantasie, welche bildlichen Darstellungen vom Besuch unseres Raumschiffes zurückbleiben, sind keine Grenzen gesetzt. Wir werden später sehen, welche Spuren die »Götter«, die die Erde in unserer Vorzeit besuchten, in die Tafeln der Vergangenheit eingruben.

Die Entwicklung auf dem Planeten, den unser Raumschiff besuchte, ist ziemlich einfach vorzuzeichnen: Die Ureinwohner haben sich eine Menge abgeguckt und dazugelernt; der Ort, an dem das Raumschiff stand, wird zum heiligen Boden erklärt, zum Wallfahrtsort, an dem die Heldentaten der Götter in Liedern gerühmt werden. Pyramiden und Tempel werden auf ihm gebaut – selbstverständlich nach astronomischen Gesetzen. Das Volk wächst, es gibt Kriege, die den Ort der Götter verschütten, und es kommen Generationen, die die heiligen Stätten wieder entdecken, freilegen und die Zeichen zu deuten versuchen.

Wie es weitergeht, ist in unseren Geschichtsbüchern nachzulesen …

Doch um zur geschichtlichen »Wahrheit« zu gelangen, muss in den Wald von Fragezeichen eine Schneise geschlagen werden, die in unsere Vergangenheit führt.

Kapitel III

11 000 Jahre alte Landkarten? – Prähistorische Flugplätze? – Landebahnen für »Götter«? – Die älteste Stadt der Erde – Wann schmilzt Gestein? – Als die Flut kam – Die Mythologie der Sumerer – Knochen, die nicht von Affen stammen – Hatten alle alten Zeichner denselben Tick?

Hatten unsere Vorfahren Besuch aus dem Weltall?

Beruhen Teile der Archäologie auf falschen Voraussetzungen?

Haben wir eine utopische Vergangenheit?

Gibt es auch für die Entwicklung der Intelligenz einen ewigen Kreislauf?

Ehe man auf solche Fragen eine probate Antwort setzt, muss man sich darüber klar sein, worin unsere geschichtliche Vergangenheit besteht und begründet ist. Unsere geschichtliche Vergangenheit setzt sich aus indirektem Wissen zusammen. Ausgrabungen, alte Schriften, Höhlenzeichnungen, Legenden und so fort wurden in ein Denkmodell, eine Arbeitshypothese also, eingebaut. Es ergab sich aus diesem Puzzlespiel ein ansehbares, interessantes Mosaik – aber es entstand nach einem vorher konzipierten Denkmodell, in das sich die Teile – manchmal mit etwas zu deutlich sichtbarem Kitt gefügt – einpassen ließen. So und so muss es gewesen sein. Genauso. Und siehe da – wenn man nur will, dann war es genauso. Zweifel an jedem Denkmodell sind legitim, ja notwendig, denn wenn nicht Vorhandenes infrage gestellt wird, ist die Forschung am Ende. Also ist unsere geschichtliche Vergangenheit nur relativ wahr! Wenn sich neue Aspekte ergeben, muss das alte Denkmodell – mag es noch so vertraut gewesen sein – durch ein neues ersetzt werden. Es scheint an der Zeit, ein neues Denkmodell ins Zentrum unserer Vergangenheitsforschung zu bringen.

Neue Aspekte rechtfertigen diese Forderung. Wir dürfen die alten Dinge nicht mehr mit alten Augen betrachten. Die Anfänge unserer Zivilisation und der Beginn mancher Religionen können anders gewesen sein, als wir es bislang annahmen.

Erkenntnisse über Sonnensysteme und Weltall, über Makro- und Mikrokosmos, ungeheure Fortschritte in Technik und Medizin, in Biologie und Geologie, der Beginn der Raumfahrt – dies und vieles mehr veränderte unser Weltbild vollkommen in weniger als 50 Jahren.

Heute wissen wir, dass man Raumanzüge herstellen kann, die extreme Kälte und Hitze aushalten. Heute wissen wir, dass Raumfahrt keine utopische Vorstellung mehr ist. Wir kennen das (realisierte) Wunder des Farbfernsehens, wie wir die Lichtgeschwindigkeit messen und die Konsequenzen der Relativitätstheorie berechnen können. *Wissen* oder *ahnen* wir, dass wir keineswegs die einzigen Intelligenzen im Kosmos sein müssen? *Wissen* oder *ahnen* wir, dass unbekannte Intelligenzen schon vor 10 000 Jahren gewusst haben können, was wir heute wissen?

Unser fast schon zur Idylle eingefrorenes Weltbild beginnt zu tauen. Neue Denkmodelle brauchen neue Maßstäbe. Da wird in Zukunft beispielsweise die Archäologie nicht mehr bloße Angelegenheit von Ausgrabungen sein dürfen. Das pure Sammeln und Einordnen von Funden reicht nicht mehr aus. Andere Wissenschaften werden bemüht und hinzugezogen werden müssen, wenn ein verlässliches Bild unserer Vergangenheit gezeichnet werden soll.

Betreten wir also unbefangen und voll Neugier die unbekannte Welt des Unwahrscheinlichen! Versuchen wir, Besitz zu ergreifen von dem Erbe, das uns die »Götter« hinterlassen haben!

Zu Beginn des 18. Jahrhunderts fand man im Topkapi-Palast in Istanbul alte Landkarten, die einem Offizier der türkischen Marine, Admiral Piri Reis, gehört hatten. Vom nämlichen Piri Reis, der seine Karten im Orient entdeckt haben will, stammen auch die beiden in der Berliner Staatsbibliothek aufbewahrten Atlanten, die exakte Wiedergaben des Mittelmeerraumes und des Gebietes am Toten Meer enthalten.

Dieses ganze Kartenpaket wurde dem amerikanischen Kartografen Arlington H. Mallery zur Untersuchung übergeben. Mallery machte die merkwürdige Feststellung, dass zwar alle Angaben vorhanden, nicht aber an der richtigen Stelle eingezeichnet waren. Hilfe suchend wandte er sich an den Kartografen Walters vom Hydrografischen Amt der US-Marine. Mallery und Walters konstruierten ein Lesegitter und übertrugen die alten Karten auf einen modernen Globus. Sie machten eine wirklich sensationelle Entdeckung: Die Karten waren absolut exakt, und zwar nicht nur was Mittelmeerraum und Totes Meer anging, es waren ebenso die Küsten von Nord- und Südamerika und sogar die Konturen der Antarktis präzise in Piri Reis' Karten vermerkt. Die Karten gaben nicht nur die Umrisse der Kontinente wieder – sie hatten auch die Topografie im Innern dieser Länder! Gebirgsketten, Berggipfel, Inseln, Flüsse und Hochebenen waren haarscharf eingezeichnet.

1957 – im Geophysikalischen Jahr – wurden die Karten dem Jesuitenpater Lineham, der zugleich Direktor der Sternwarte von Weston ist und verantwortlicher Kartograf der amerikanischen Marine, übergeben. Auch Pater Lineham konnte nach genauesten Prüfungen nur bestätigen, dass die Karten von äußerster Genauigkeit sind – selbst in Räumen, die wir heute noch kaum erforscht haben.

Man bedenke, erst 1952 wurden Gebirgsketten in der Antarktis entdeckt, die auf den Reis'schen Karten bereits eingezeichnet sind! Die jüngsten Arbeiten von Professor Charles H. Hapgood sowie des Mathematikers Richard Strachan vermitteln uns geradezu schockierende Erkenntnisse. Aus Vergleichen mit modernen Satellitenaufnahmen unserer Erdkugel ging nämlich hervor, dass es sich bei dem Original der Piri-Reis-Karten um Luftaufnahmen aus extremer Höhe gehandelt haben muss! Wie ist dies zu erklären?

Ein Raumschiff steht hoch über Kairo und richtet das Objektiv seiner Kamera gerade nach unten. Nach Entwicklung der Fotoplatte ergäbe sich folgendes Bild: Alles, was sich im Umkreis von zirka 8000 Kilometern unter dem Aufnahmeobjektiv befand, ist korrekt wiedergegeben, denn es lag ja direkt unter der Linse. Je weiter vom Mittelpunkt entfernt wir aber das Bild betrachten, umso verzerrter sind Länder und Kontinente.

Warum dies?

Bedingt durch die Kugelgestalt der Erde »versinken« die vom Zentrum entfernten Kontinente nach »unten«. Südamerika beispielsweise wird in einer eigenartigen Längsverzerrung zu sehen sein, genauso nämlich, wie dies auf der Piri-Reis-Karte der Fall ist!

Es gibt ein paar Fragen, die schnell zu beantworten sind. Fraglos haben unsere Vorfahren diese Karten nicht gezeichnet. Doch unzweifelhaft ist, dass diese Karten mit modernsten technischen Hilfsmitteln – aus der Luft – hergestellt worden sein müssen.

Wie sollen wir das erklären? Sollen wir uns mit der Legende zufriedengeben, ein Gott habe sie einem Oberpriester geschenkt? Oder sol-

Note 22: Ohlmeyer and Burroughs Correspondence

8 RECONNAISSANCE TECHNICAL SQUADRON (SAC)
UNITED STATES AIR FORCE
WESTOVER AIR FORCE BASE
MASSACHUSETTS

Reply to
Attn of: RTC

6 July 1960

SUBJECT: Admiral Piri Reis World Map

To: Professor Charles H. Hapgood
Keene Teachers College
Keene, New Hampshire

DEAR PROFESSOR HAPGOOD:

Your request for evaluation of certain unusual features of the Piri Reis World Map of 1513 by this organization has been reviewed.

The claim that the lower part of the map portrays the Princess Martha Coast of Queen Maud Land Antarctica, and the Palmer Peninsula is reasonable. We find this is the most logical and in all probability the correct interpretation of the map.

The geographical detail shown in the lower part of the map agrees very remarkably with the results of the Seismic profile made across the top of the ice cap by the Swedish-British-Norwegian Antarctic Expedition of 1949.

This indicates the coastline had been mapped before it was covered by the ice cap.

The ice cap in this region is now about a mile thick. We have no idea how the data on this map can be reconciled with the supposed state of geographical knowledge in 1513.

HAROLD Z. OHLMEYER
Lt. Colonel, USAF
Commander

Die Karten des Piri Reis verzeichnen Gebirgsketten der Antarktis, die erst in unserem Jahrhundert entdeckt wurden. Dazu Harald Z. Ohlmeyer von der United States Air Force an Professor Charles Hapgood: »Dies zeigt, dass die Küstenlinie (der Antarktis) kartografiert wurde, bevor die Eisdecke da war.« Wäre es nicht auch denkbar, dass unsere Vorfahren bereits über Luftaufnahmen von der Erde verfügten? Oder kannten sie etwa schon die Methode der Echolotung durch die dicke Eisdecke? *(Quelle: Charles Hapgood, Maps of the Ancient Sea Kings, Chilton Books, Philadelphia, USA)*

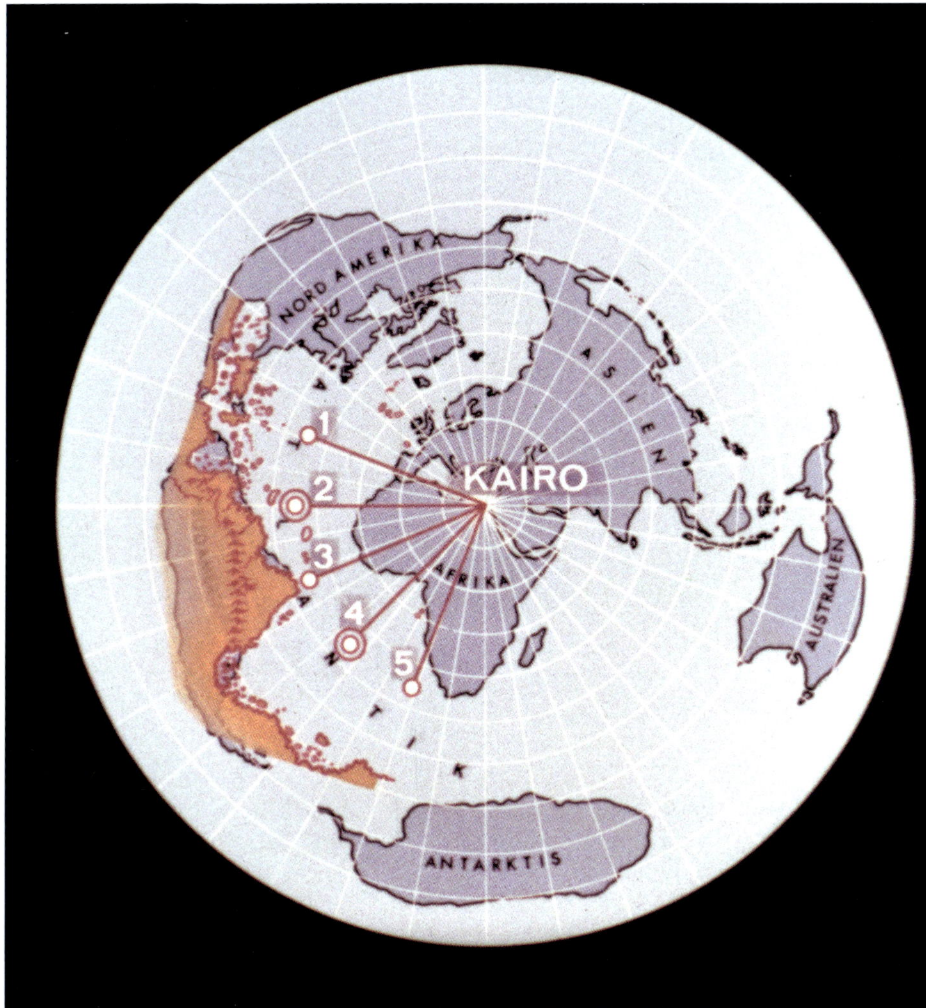

Das Original der Piri-Reis-Karte muss aus sehr großer Höhe über Ägypten aufgenommen worden sein. Nur so lässt sich erklären, dass die Gebiete, welche sich direkt unter dem Aufnahmepunkt befinden, exakt eingezeichnet sind, während die entfernteren Kontinente entsprechend der Kugelform der Erde »versinken« und verzerrt wiedergegeben sind. *(Quelle: Charles Hapgood, Maps of the Ancient Sea Kings, Chilton Books, Philadelphia, USA)*

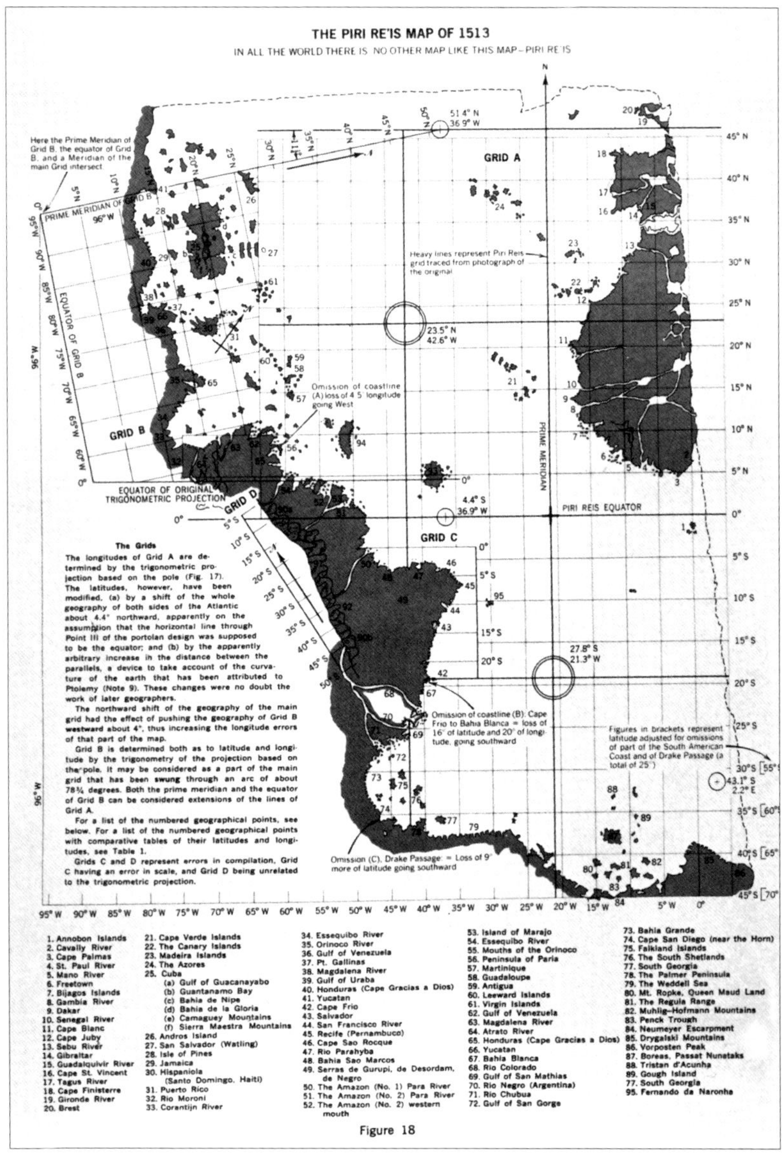

Figure 18

Die Piri-Reis-Karten verzeichnen jede kleine Insel. Die Kartografen Mallery und Walters konstruierten ein Lesegitter und übertrugen die Karten auf einen modernen Globus. Resultat: Die Karten sind unter Berücksichtigung der Erdkrümmung absolut exakt. *(Quelle: Charles Hapgood, Maps of the Ancient Sea Kings, Chilton Books, Philadelphia, USA)* len wir sie einfach nicht zur Kenntnis nehmen, das »Wunder« bagatellisieren, weil dies Kartenwerk nicht in unser Vorstellungsbild passt? Oder sollen wir mutig ins Wespennest stechen und behaupten: Diese Kartografie unseres Erdballs wurde von einem sehr hoch fliegenden Flugzeug oder von einem Raumschiff aus gemacht?!

Die Karten des türkischen Admirals sind freilich keine Originale: Sie sind Kopien von Kopien und nochmals Kopien von Kopien. Aber: Wer immer sie vor Jahrtausenden machte, musste fliegen und sogar fotografiert haben können!

Sicherlich verschlägt diese Behauptung manchem den Atem. Uralte Karten, aus großen Höhen angefertigt – ein Gedanke, den man besser nicht zu Ende denkt. Manchmal scheint es, als ob der Mensch Angst davor hätte, den Nebel vor seiner Vergangenheit schwinden zu sehen. Warum? Weil es sich mit der Schulweisheit so gut und ruhig leben lässt?

Nicht weit vom Meer, im peruanischen Vorgebirge der Anden, liegt die alte Stadt Nazca. Zu beiden Seiten des Palpa-Tales verläuft ein 60 Kilometer langer und zwei Kilometer breiter Streifen ebenen Landes; dieser Landstreifen ist mit kleinen Steinbrocken übersät, die rostigen Eisenstücken ähneln. Die Einwohner nennen dies Gebiet Pampa, obwohl von irgendeiner Vegetation keine Rede sein kann. Überfliegt man dieses Gebiet, die Ebene von Nazca, dann erkennt man riesige, geometrisch angelegte Linien, wovon einige parallel laufen, andere sich kreuzen oder von großen, trapezoiden Flächen umrahmt sind.

Die Archäologie sagt, das seien Inkastraßen …

Eine absurde Logik! Was hätten den Inkas Straßen nützen sollen, die parallel laufen? Die sich kreuzen? Die in einer Ebene angelegt sind und jäh enden?

Selbstverständlich finden sich auch hier typische Nazcatöpfereien und Nazcakeramiken. Aber man macht es sich sehr einfach, wenn man nur darum auch die geometrisch angeordneten Linien in der Ebene der Nazcakultur zuschreibt.

In diesem Gebiet wurden bis 1952 überhaupt keine zweckvollen Ausgrabungen vorgenommen. Für alles, was man fand, existiert keine geordnete Chronologie. Erst jetzt werden Linien und Figuren vermessen. Die Ergebnisse erhärten eindeutig die Hypothese, dass die Linien nach astronomischen Plänen angelegt wurden. Professor Alden Mason, Spezialist für peruanische Altertümer, vermutet in den Anlagen Zeichen einer Art von Religion – vielleicht aber auch einen Kalender.

Uns vermittelt die 60 Kilometer lange Ebene von Nazca – aus der Luft betrachtet – eindeutig die Idee eines Flugplatzes!

Oben: Aus größerer Höhe betrachtet, vermitteln einem die Bilder die Idee eines prähistoirschen Flugplatzes mit Landezeichen für die »Götter«.
(Quelle: Foto-Archiv Erich von Däniken)

Unten: Viele Archäologen bezeichnen die Pisten auf der bekannten Ebene von Nazca, die in Peru liegt, als Inkastraßen. Welchen Sinn aber haben Straßen, die parallel verlaufen, sich kreuzen und jäh in der Ebene enden?
(Quelle: Foto-Archiv Erich von Däniken)

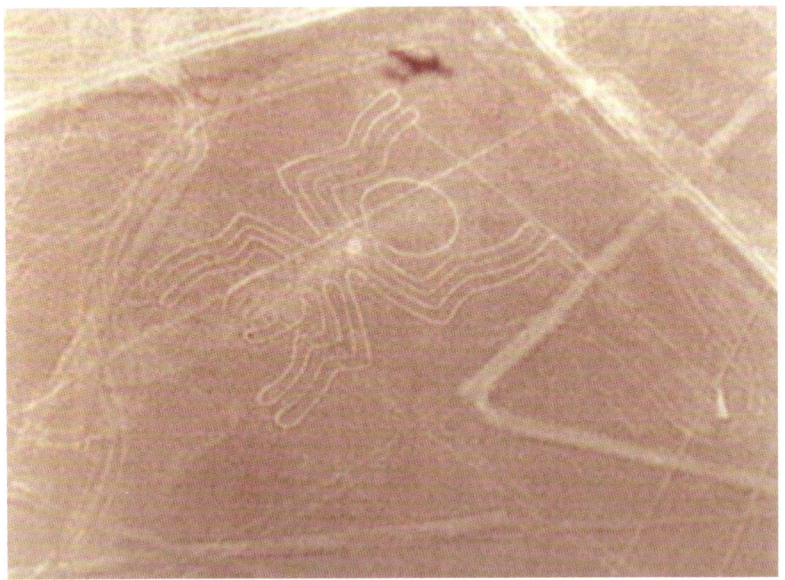

Oben: Zwischen den pistenähnlichen Linien finden sich die berühmten Scharrzeichnungen: Bilder von Vögeln, Spinnen, Affen und Menschen. *(Quelle: Foto-Archiv Erich von Däniken)*

Unten: Alle diese Scharrzeichnungen sind in ihrer Gesamtheit nur aus der Luft erkennbar. Vom Boden aus sieht man bloß vereinzelte Striche. *(Quelle: Foto-Archiv Erich von Däniken)*

Was soll an dem Gedanken so abstrus sein?

Natürlich will kein Archäologe mit akademischer Bildung zugeben, dass Raumfahrer unsere Erde besucht haben könnten. Der kluge Mann begibt sich nicht gern durch eine kühne, wenn auch denkbare Behauptung in die Gefahr der Lächerlichkeit. »Forschung« (= Wissen) ist immer erst dann möglich, wenn das Ding, das erforscht werden soll, auch gefunden ist. Ist es gefunden, dann wird es so lange poliert und zurechtgeschliffen, bis es ein Steinchen geworden ist, das – welch Wunder! – genau in das vorhandene Mosaik hineinpasst. Die klassische Archäologie lässt nämlich nicht zu, dass die prä-inkaischen Völker eine perfekte Vermessungstechnik gehabt haben könnten. Die Hypothese, dass es im Altertum Flugzeuge gegeben haben könnte, wird für sie nichts als Humbug sein.

Welchem Zweck aber dienten dann die Linien von Nazca?

Nach unserer Vorstellung könnten sie mithilfe eines Modells über ein Koordinatensystem ins Gigantische übertragen oder aber nach Weisungen aus einem Flugzeug gebaut worden sein. Ob die Ebene von Nazca je ein Flugplatz war, ist heute noch nicht mit Bestimmtheit zu sagen. Eisenverstrebungen wird man sicher nicht finden. Denn die meisten Metalle korrodieren in wenigen Jahren, Gestein aber korrodiert nie. Ist die Vermutung abwegig, dass die Linien gelegt wurden, um den »Göttern« anzuzeigen: Landet hier! Es ist alles vorbereitet, wie »ihr« es befohlen habt! Mögen die Erbauer der geometrischen Figuren nicht geahnt haben, was sie taten! Vielleicht wussten sie, was die »Götter« zum Landen brauchten.

In vielen Orten in Peru trifft man auf überdimensionale Zeichnungen an den Bergwänden, die fraglos für ein in den Lüften schwebendes Wesen als Signale geschaffen wurden. Wozu sonst wären sie nützlich gewesen?

In der Bucht von Pisco ist in die rote, hohe Wand der Steilküste eine der seltsamsten Zeichnungen eingemeißelt. Vom Meer her kommend, erkennt man schon auf zwei Kilometer Entfernung eine fast 250 Meter hohe Figur. Spielt man das Spiel »Sieht aus wie …«, müsste man sagen: Diese Bildhauerarbeit sieht aus wie ein riesiger Dreizack oder wie ein gigantischer dreiarmiger Leuchter. Und in der mittleren Säule dieses Steinbildes wurde ein langes Seil gefunden! Ob es damals als Pendel diente?

Ehrlicherweise müssen wir bekennen, dass wir mit der Deutung völlig im Dunkeln tappen. In die griffbereiten Denksysteme lässt es sich sinnvoll nicht einbeziehen – womit nicht gesagt sein soll, dass es keinen Dreh gäbe, mit dem man auch dieses Phänomen ins große Mosaik der bisherigen Forschungsmethode hineinzaubern könnte. Was aber sollte die prä-inkaischen Völker veranlasst haben, die fantastischen Linien, die Landebahnen von Nazca zu bauen? Welche Verrücktheit könnte sie zu dem 250 Meter hohen Steinzeichen an der roten Steilküste südlich von Lima angeregt haben?

Ohne moderne Maschinen und Geräte waren das Arbeiten, die Jahrzehnte in Anspruch nahmen. Es wäre eine durch und durch sinnlose Tätigkeit gewesen, wenn sie mit dem Ergebnis ihrer Mühen nicht Wesen, die aus großen Höhen auf sie zukamen, Zeichen hätten geben wollen. Bleibt die aufregende Frage zu beantworten: Warum taten sie das alles, wenn sie doch keine Ahnung haben konnten, dass es tatsächlich fliegende Wesen gab?

Die Identifizierung kann nicht mehr allein Sache der Archäologen sein. Schon ein Konsortium von Wissenschaftlern verschiedener Forschungsgebiete würde uns mit Sicherheit der Lösung des Rätsels näherbringen: Austausch und Gespräch würden sicher klärende Assoziationen auslösen. Die Gefahr, dass die Forschung zu keinem schlüssigen Ergebnis kommt, liegt darin, dass man solche Fragestellungen nicht ernst nimmt und belächelt. Raumfahrer in grauer Vorzeit? Eine unzumutbare Frage für Kathederwissenschaftler. Am besten wäre es, den Fragesteller einem Psychiater zu überweisen.

Aber die Fragen sind da, und Fragen haben gottlob die impertinente Eigenschaft, lästig im Raum stehen zu bleiben, bis sie beantwortet sind. Und Fragen derart unzumutbarer Provenienz gibt es viele. Was sollte man beispielsweise sagen, wenn es aus grauester Vorzeit einen Kalender gäbe, aus dem sich die Tag- und Nachtgleichen, die astronomischen Jahreszeiten, die Positionen des Mondes für jede Stunde und auch die Bewegungen des Mondes – und zwar unter Berücksichtigung der Erdrotation! – ablesen ließen?

Das ist keine fiktive, kühn erdachte Frage! Diesen Kalender gibt es. Er wurde im trockenen Schlamm von Tiahuanaco gefunden. Es ist ein blamabler Fund: Er liefert unumstößliche Tatsachen und beweist – kann unser Selbstbewusstsein solchen Beweis zulassen? –, dass die Wesen, die den Kalender schufen, erdachten und anwendeten, eine höhere Kultur besaßen als wir.

In der Stadt Tiahuanaco wimmelt es von Geheimnissen. Die Stadt liegt 4000 Meter hoch und noch dazu am Ende der Welt. Hätte man an einem solchen Ort ausgerechnet eine uralte, mächtige Kultur erwarten dürfen? Von Cuzco (Peru) kommend, erreicht man Stadt und Fundstätten nach eintägiger Bahn- und Schifffahrt. Die Hochebene mutet uns an wie die Landschaft eines fremden Planeten. Für jeden Nichteinheimischen wird körperliche Arbeit zur Qual: Der Luftdruck ist um die Hälfte niedriger als auf Höhe des Meeresspiegels, und der Sauerstoffgehalt der Luft ist entsprechend gering. Und doch hat auf dieser Hochebene eine riesige Stadt gestanden.

Über Tiahuanaco gibt es keine glaubwürdigen Überlieferungen. Vielleicht sollten wir froh darüber sein, dass man derart an den Krücken vererbter Schulweisheiten hier nicht zu den probaten Lösungen kommen kann. Über den Ruinen, die ein unvorstellbares, bisher nicht ermitteltes Alter haben, liegen die Nebel der Vergangenheit, des Nichtwissens und der Rätsel.

100 Tonnen schwere Sandsteinblöcke sind von Mauerkuben von 60 Tonnen Gewicht überlagert. Glatte Flächen mit haarscharfen Rillen reihen sich an riesige Quader, die durch Kupferklammern zusammengehalten sind – ein Kuriosum, das uns bisher nirgendwo im Altertum begegnet ist. Und: Alle Steinarbeiten sind außerordentlich sauber ausgeführt. In zehn Tonnen schweren Blöcken findet man 2,5 Meter lange Löcher, deren Zweck bisher unerklärbar ist. Auch die fünf Meter langen, ausgetretenen, aus einem Stück gehauenen Steinfliesen tragen nicht zur Lösung der Rätsel, die Tiahuanaco birgt, bei. Wohl durch eine Katastrophe unvorstellbaren Ausmaßes wie Spielzeug durcheinandergewirbelt, finden sich im Boden steinerne Wasserleitungen: zwei Meter lang – 0,5 Meter breit und etwa gleich hoch. Diese Funde verblüffen durch ihre exakte Arbeit. Hatten unsere Vorfahren von Tiahuanaco nichts Besseres zu tun, als – ohne Werkzeuge – jahrelang Wasserleitungen von einer Präzision zu schleifen, gegen die unsere modernen Betongüsse Stümperwerk sind?

In einem heute restaurierten Hof gibt es ein Sammelsurium von steinernen Köpfen, die – genau betrachtet – ein Rendezvous verschiedenster Rassen präsentieren: Gesichter mit schmalen oder schwulstigen Lippen, mit langen oder gebogenen Nasen, mit zierlichen oder plumpen Ohren, mit weichen oder kantigen Zügen. Ja, und einige Köpfe tragen fremdartige Helme. Wollen uns all diese fremden und fremdartigen Gestalten eine Botschaft bringen, die wir – gehemmt durch Sturheit und Voreingenommenheit – nicht verstehen können oder verstehen wollen?

Eines der großen archäologischen Wunder Südamerikas ist das monolithische Sonnentor von Tiahuanaco: eine aus einem einzigen Block gemeißelte riesige Skulptur von drei Metern Höhe und vier Metern Breite. Das Gewicht dieser Steinmetzarbeit wird auf über zehn Tonnen

Oben: Durcheinandergewirbelte Wasserleitungen? Vieles spricht für eine Flut. *(Quelle: Foto-Archiv Erich von Däniken)*

Unten links: Tiahuanaco birgt viele ungelöste Rätsel. Steinarbeiten von der Präzision neuzeitlichen Betongusses. Mit welchen Werkzeugen wurden diese Monumente geschaffen? *(Quelle: Foto-Archiv Erich von Däniken)*

Unten rechts: Sogenannte Wasserleitungen. Oder doch steinerne Schutzmäntel für Energieleitungen? *(Quelle: Foto-Archiv Erich von Däniken)*

Das Sonnentorrelief von Tiahuanaco in Bolivien. In drei Reihen flankieren 48 quadratische Figuren ein Wesen, das einen fliegenden Gott darstellt. Welches Geheimnis birgt diese Reliefarbeit? *(Quelle: Foto-Archiv Erich von Däniken)*

Auf dieser 4000 Meter über dem Meer gelegenen Hochebene muss einst eine eindrucksvolle Stadt gestanden haben. Bisher fehlt es noch an einer Erklärung dafür, mit welchen Mitteln in der baumlosen Landschaft von Tiahuanaco die monolithischen Blöcke aufgerichtet wurden. *(Quelle: Foto-Archiv Erich von Däniken)*

geschätzt. In drei Reihen flankieren 48 quadratische Figuren ein Wesen, das einen fliegenden Gott darstellt.

Was erzählt die Sage über die geheimnisvolle Stadt Tiahuanaco?

Sie weiß von einem goldenen Raumschiff zu berichten, das von den Sternen kam; mit ihm kam eine Frau – Orjana war ihr Name –, um den Auftrag zu erfüllen, Urmutter der Erde zu werden. Orjana besaß nur vier Finger, die durch Schwimmhäute verbunden waren. Urmutter Orjana gebar 70 Erdenkinder, dann kehrte sie zu den Sternen zurück.

Tatsächlich finden wir in Tiahuanaco Felszeichnungen und Figuren von Wesen mit vier Fingern. Ihr Alter ist unbestimmbar. Kein Mensch irgendeiner uns bekannten Zeitepoche hat Tiahuanaco anders als in Ruinen gesehen.

Welches Geheimnis verbirgt uns diese Stadt? Welche Botschaft aus anderen Welten harrt in der bolivianischen Hochebene auf ihre Enträtselung? Es gibt weder über Ursprung noch Ende dieser Kultur eine plausible Erklärung. Dies hindert freilich einige Archäologen nicht, kühn und selbstsicher zu behaupten, das Ruinenfeld sei 3000 Jahre alt. Dieses Alter datieren sie von ein paar lächerlichen Tonfigürchen her, die aber keineswegs etwas mit der Epoche der Monolithen gemeinsam haben müssen. Man macht es sich sehr bequem: Man klebt ein paar alte Scherben zusammen, fahndet nach ein paar nächstliegenden Kulturen, klebt ein Etikett auf den restaurierten Fund und – Simsalabim! – es passt wieder einmal alles wundervoll in das so außerordentlich bewährte Denksystem. Diese Methode ist freilich ungleich einfacher, als die Vorstellung einer verwirrenden Technik oder gar den Gedanken an Raumfahrer in grauer Vorzeit zu riskieren. Das würde die Sache ja unnötig komplizieren.

Vergessen wir Sacsayhuaman nicht! Es geht hier nicht um die fantastische Befestigungsanlage der Inkas, die wenige Meter über dem heutigen Cuzco liegt – nicht um die monolithischen Blöcke von über 100 Tonnen Gewicht – nicht um die über 500 Meter langen und 18 Meter hohen Terrassenmauern, vor denen heute der Tourist steht und ein Erinnerungsfoto nimmt. Hier geht es um das unbekannte Sacsayhuaman, das nur einen knappen Kilometer von der bekannten Inkafestung entfernt liegt.

Unsere Fantasie reicht nicht aus, sich auszudenken, mit welchen technischen Hilfen unsere Vorfahren einen monolithischen Felsblock von über 100 Tonnen Gewicht aus einem Steinbruch herausbrachen, transportierten und an entfernter Stelle bearbeiteten. Unserer durch technische Errungenschaften der Gegenwart erheblich strapazierten

Fantasie wird vollends ein Schock versetzt, wenn wir vor einem schätzungsweise 20 000 Tonnen schweren Block stehen. Aus den Befestigungen von Sacsayhuaman rückkehrend, trifft man, wenige hundert Meter entfernt, am Berghang in einem Krater dieses Ungetüm: einen einzigen Steinblock von der Größe eines vierstöckigen Hauses. Er ist nach bester Handwerkermanier tadellos bearbeitet, hat Stufen und Rampen und ist mit Spiralen und Löchern verziert. Ist es widerlegbar, zu behaupten, dass die Bearbeitung dieses unerhörten Steinblocks keine reine Freizeitbeschäftigung der Inkas gewesen sein kann, dass sie vielmehr irgendeinem – heute noch unerklärbaren – Zweck gedient haben muss? Damit des Rätsels Lösung uns nicht zu einfach sei, steht der ganze ungetüme Block auch noch auf dem Kopf: Die Stufen kommen also von der Decke her von oben nach unten; die Löcher zeigen, wie Granateinschläge, in verschiedene Richtungen; seltsame Vertiefungen, den Formen von Sesseln nicht unähnlich, hängen schwebend im Raum. – Wer kann sich ausdenken, dass menschliche Hände und menschliche Kraft diesen Block freilegten, transportierten und bearbeiteten? Welche Kraft hat ihn umgeworfen?

Welche titanischen Kräfte waren hier am Werk?

Und zu welchem Zweck?

Noch vom Staunen über dieses Steinungetüm erfüllt, findet man, kaum 300 Meter davon entfernt, Felsverglasungen, Verglasungen, wie sie eigentlich nur durch Schmelzen von Gestein unter höchsten Temperaturen möglich sein dürften. Dem staunenden Reisenden wird an Ort und Stelle die lapidare Erklärung gegeben, das Gestein sei von den abschmelzenden Gletschermassen abgeschliffen worden. Eine absurde Erklärung! Ein Gletscher würde, wie jede fließende Masse, logischerweise nach einer Seite hin abfließen. Diese Eigentümlichkeit der Materie dürfte sich, gleich wann die Glasierungen entstanden, kaum geändert haben. Es ist jedenfalls kaum anzunehmen, dass der Gletscher auf einer Fläche von rund 15 000 Quadratmetern in sechs verschiedene Richtungen abgeflossen ist!

Sacsayhuaman und Tiahuanaco bergen eine Fülle prähistorischer Geheimnisse, für die oberflächliche, aber keine überzeugenden Erklärungen feilgeboten werden. Übrigens findet man Sandverglasungen auch in der Wüste Gobi und in der Nähe alter irakischer Fundstätten. Wer weiß eine Antwort darauf, warum diese Sandverglasungen jenen gleichen, die bei den Atomexplosionen in der Wüste Nevada entstanden sind?

Wird Entscheidendes getan, den prähistorischen Rätseln zu einer überzeugenden Lösung zu verhelfen? In Tiahuanaco sieht man unnatürlich überwachsene Hügel, deren »Dächer« auf einer Fläche von 4000 Quadratmetern völlig plan sind. Die Wahrscheinlichkeit spricht dafür, dass darunter Gebäude verborgen sind. Bislang ist kein Graben durch die Hügelkette gezogen worden, kein Spaten gräbt sich zur Lösung des Rätsels durch. Freilich, das Geld ist knapp. Doch der Reisende sieht nicht selten Soldaten, Offiziere, die offensichtlich nicht wissen, was sie Sinnvolles tun sollen. Wäre es absurd, eine Kompanie, unter sachkundiger Anleitung, Ausgrabungen ausführen zu lassen?

Für was nicht alles in der Welt ist Geld vorhanden! Forschung für die Zukunft ist brandnotwendig. Solange unsere Vergangenheit unentdeckt ist, bleibt ein Posten in der Rechnung für die Zukunft offen: Kann die Vergangenheit uns nicht zu technischen Lösungen verhelfen, die nicht erst erfunden werden müssen, weil sie schon in der Vorzeit praktiziert wurden?

Wenn der Drang zur Entdeckung unserer Vergangenheit als Antriebsmoment für moderne, intensive Forschungen nicht ausreicht, könnte der Rechenstift möglicherweise hilfreich tätig werden. Bisher jedenfalls wurde kein Wissenschaftler aufgefordert, mit modernsten Arbeitsgeräten in Tiahuanaco oder Sacsayhuaman, in der Wüste Gobi oder den Resten der legendären Städte Sodom und Gomorrha Strahlungsuntersuchungen vorzunehmen. Keilschrifttexte und Täfelchen aus Ur, die ältesten Bücher der Menschheit, berichten ohne Ausnahme von »Göttern«, die mit Barken am Himmel fuhren, von »Göttern«, die von den Sternen kamen, die furchtbare Waffen besaßen und die zu den Sternen zurückkehrten. Warum suchen wir sie nicht, die alten »Götter«? Unsere Radioteleskope senden Signale ins Weltall und versuchen, Signale von fremden Intelligenzen zu empfangen. Warum aber suchen wir die Spuren fremder Intelligenzen nicht zuerst oder zugleich auf unserer doch sehr viel näher liegenden Erde? Wir tappen ja nicht blind in einem dunklen Raum – die Spuren sind eindeutig vorhanden.

Die Sumerer begannen etwa 2300 Jahre vor unserer Zeitrechnung damit, die ruhmreiche Vergangenheit ihres Volkes aufzuzeichnen. Heute noch wissen wir nicht, woher das Volk kam. Aber wir wissen, dass die Sumerer eine überlegene, ausgebildete Kultur mitbrachten, die sie den zum Teil noch barbarischen Semiten aufzwangen. Wir wissen auch, dass sie ihre Götter stets auf Berggipfeln suchten und dass sie – wenn es in ihren Siedlungsgebieten keine Gipfel gab – im Flachland künstliche »Berge« aufschütteten. Ihre Astronomie war unglaublich weit entwickelt: Ihren Observatorien gelangen Berechnungen des Mondumlaufs, die nur um 0,4 Sekunden von den heutigen Berechnungen differieren.

Außer dem fabelhaften *Gilgamesch-Epos,* über das wir später noch sprechen werden, hinterließen sie uns eine echte, kleine Sensation: Im Hügel von Kujundschik (dem einstigen Ninive) fand sich eine Rechnung mit dem Endergebnis in unseren Werten von 195 955 200 000 000. Eine 15-stellige Zahl! Unsere viel zitierten und umfänglich erforschten Ahnen abendländischer Kultur, die alten klugen Griechen, brachten es in der Glanzzeit ihres Wissens nicht über die Zahl 10 000. Was darüber ging, bezeichnete man schlicht als »unendlich«.

Die alten Keilschriften attestieren den Sumerern eine geradezu fantastische Lebensdauer. So haben die zehn Urkönige insgesamt 456 000 Jahre regiert, und die 23 Könige, die nach der Sintflut den Ärger mit dem Wiederaufbau hatten, brachten es immerhin noch mal auf eine Regierungszeit von 24 510 Jahren, drei Monaten und dreieinhalb Tagen.

Ganz und gar unverständliche Jahreszahlen für unsere Begriffe, obwohl doch die Namen all der vielen Herrscher, säuberlich auf Ziegeln und Münzen verewigt, in langer Liste vorliegen.

Wie sähe sich das an, wenn wir auch hier wagten, die Scheuklappen abzulegen, und die alten Dinge mit neuen, mit heutigen Augen zu betrachten?

Gesetzt den Fall, fremde Astronauten hätten das Gebiet um Sumer vor Jahrtausenden besucht. Unterstellen wir, sie hätten die Grundlagen zur Zivilisation und zur Kultur der Sumerer gelegt, um nach dieser Entwicklungshilfe auf ihren Planeten zurückzukehren. Nehmen wir an, die Neugier hätte sie alle 100 Erdenjahre an die Stätten ihrer Pionierarbeit zurückgetrieben, um zu kontrollieren, wie denn ihre Saat aufgegangen war. Mit den Maßstäben der heutigen Lebenserwartung hätten die Astronauten unschwer 500 Erdenjahre überleben können. Nicht? Die Relativitätstheorie beweist, dass die Astronauten während der Hin- und Rückflüge in einem Raumschiff, das sich knapp unter der Lichtgeschwindigkeit bewegt hätte, nur um etwa 40 Jahre gealtert wären! Die rückständigen Sumerer hätten über Jahrhunderte Türme, Pyramiden und Häuser mit allem Komfort gebaut, hatten ihren »Göttern« geopfert und auf deren Rückkehr gewartet. Und nach 100 Erdenjahren kamen sie tatsächlich zu ihnen zurück. »Und dann kam die Flut und nach der Flut stieg das Königtum abermals vom Himmel hernieder …« heißt es in einer sumerischen Keilschrift.

Wie stellten sich die Sumerer ihre »Götter« vor und dar? Sumerische Mythologie und einige akkadische Tafeln und Bilder geben darüber Aufschluss. Die sumerischen »Götter« hatten keine menschliche Form, und jedes Symbol eines Gottes war zugleich mit einem Stern verbunden. Auf akkadischen Bildtafeln sind Sterne so dargestellt, wie wir sie auch heute zeichnen würden. Merkwürdig ist nur, dass diese Sterne von Planeten verschiedener Größe umkreist werden. Woher wussten die Sumerer, denen unsere Technik der Himmelsbeobachtung fehlte, dass ein Fixstern Planeten hat? Es gibt Skizzen, auf denen Personen Sterne auf dem Kopf tragen, andere, die auf Kugeln mit Flügeln reiten. Es gibt eine Darstellung, die auf Anhieb den Eindruck eines Atommodells assoziiert; ein Kreis von aneinandergereihten Kugeln, die abwechslungsweise strahlen. Kein Abgrund ist so erschreckend, kein Himmel so voller Wunder wie die Hinterlassenschaft der Sumerer voller Fragen und Rätsel und Unheimlichkeiten, wenn man sie mit »Weltraumaugen« betrachtet.

Hier nur einige Kuriositäten aus dem gleichen geografischen Raum:

In Geoy Tepe Zeichnungen von Spiralen, eine Seltenheit vor 6000 Jahren!

In Gar Kobeh eine Feuersteinindustrie, der man 40 000 Jahre gibt.

In Baradostian schätzt man gleiche Funde auf 30 000 Jahre.

In Tepe Asiab datiert man Figuren, Gräber und Steinwerkzeuge 13 000 Jahre zurück.

Am gleichen Ort fanden sich versteinerte Exkremente, die möglicherweise nicht menschlichen Ursprungs sind.

In Karim Schahir fand man Werkzeuge und Steinschneider.

In Barda Balka lagen Faustkeile und Werkzeuge.

In der Schandiar-Höhle fanden sich Skelette von erwachsenen Männern und einem Kind. Sie werden (nach der C-14-Methode auf) zirka 45 000 vor unsere Zeitrechnung datiert.

Die Liste ließe sich vielfach ergänzen und fortsetzen, und jedes Faktum würde die Feststellung erhärten, dass im geografischen Raum Sumer vor rund 40 000 Jahren ein Gemisch von primitiven Menschen lebte. Plötzlich, aus bisher unerfindlichen Gründen, waren die Sumerer da mit ihrer Astronomie, ihrer Kultur und ihrer Technik.

Noch sind die Schlussfolgerungen auf die frühere Anwesenheit fremder Besucher aus dem Weltall rein spekulativ. Denkbar ist, dass

»Götter« erschienen, die die Halbwilden im Raume Sumer um sich versammelten und ihnen Teile ihrer Kenntnisse übermittelten. Die Figürchen und Statuen, die uns heute aus Vitrinen in Museen anstarren, zeigen eine Rassenmixtur: Glotzaugen, gewölbte Stirnen, schmale Lippen und meistens gerade und lange Nasen. Ein Bild, das selbst ins schematische Denksystem und seine Vorstellung vom Primitiven schlecht, sehr schlecht hineinpasst.

Besucher aus dem Weltall in grauer Vorzeit?

Im Libanon gibt es glasartige Felsbrocken, sogenannte Tektite, in denen der Amerikaner Dr. Stair radioaktive Aluminiumisotope entdeckte.

Im Irak und in Ägypten fanden sich geschliffene Kristalllinsen, die sich heute nur unter Verwendung von Cäsiumoxyd herstellen lassen, einem Oxid also, das auf elektrochemischem Weg gewonnen werden muss.

In Heluan gibt es ein Stück Tuch, ein Gewebe von einer Feinheit und Zartheit, das sich heute nur in einer Spezialfabrik mit großen erfahrungstechnischen Kenntnissen weben ließe.

Im Museum in Bagdad stehen elektrische Trockenbatterien, die nach dem galvanischen Prinzip arbeiten.

An gleicher Stelle sind elektrische Elemente mit kupfernen Elektroden und einem unbekannten Elektrolyten zu bestaunen.

Die Universität London besitzt in ihrer ägyptischen Abteilung einen urzeitlichen Knochen, der zehn Zentimeter über dem rechten Handgelenk in einem glatten, rechtwinkligen Schnitt fachgerecht amputiert worden ist.

In den vorderasiatischen Berglandschaften von Kohistan gibt eine Höhlenzeichnung die genauen Positionen der Gestirne wieder, die sie realiter vor 10 000 Jahren einnahmen. Venus und Erde sind durch Linien verbunden.

Auf der Hochebene von Peru wurden Ornamente aus Platin gefunden.

In einem Grab in Chou-Chou (China) lagen Teile eines Gürtels, die aus Aluminium bestehen.

In Delhi existiert ein alter Pfeiler aus Eisen, der weder Phosphor noch Schwefel enthält und daher durch Witterungseinflüsse nicht zerstört werden kann.

Dieses Sammelsurium von »Unmöglichkeiten« sollte uns doch neugierig und unruhig machen. Mit welchen Mitteln, mit welcher Intuition kommen primitive, in Höhlen lebende Wesen dazu, die Gestirne in ihren richtigen Positionen zu zeichnen? Aus welcher Präzisionswerkstatt stammen die geschliffenen Kristalllinsen? Wie konnte man Platin schmelzen und modellieren, da dieses Edelmetall erst bei Temperaturen von 1800 Grad Celsius zu schmelzen beginnt? Und wie erhielt man Aluminium, ein Metall, das nur unter beträchtlichen Schwierigkeiten aus dem Bauxit gewonnen werden kann?

Unmögliche Fragen, zugegeben, aber müssen wir sie nicht stellen? Da wir nicht bereit sind, anzunehmen oder zuzugeben, dass es vor unserer Kultur eine höhere – vor unserer Technik eine ähnlich perfekte gab, bleibt doch nur die Hypothese vom Besuch aus dem Weltall! Solange die Archäologie betrieben wird wie bisher, werden wir kaum je eine Chance bekommen zu erfahren, ob unser graues Altertum wirklich grau und nicht vielleicht ganz heiter war …

Ein utopisch-archäologisches Jahr ist fällig! In diesem einen Jahr hätten sich Archäologen, Physiker, Chemiker, Geologen, Metallurgen und alle korrespondierenden Zweige dieser Wissenschaften mit der einen einzigen Frage zu beschäftigen: Erhielten unsere Vorfahren Besuch aus dem Weltall?

Beispielsweise wird ein Metallurg einem Archäologen bündig und schnell erklären können, wie kompliziert es ist, Aluminium zu gewinnen. Ist es nicht denkbar, dass ein Physiker in einer Felszeichnung auf Anhieb eine Formel erkennt? Ein Chemiker mit seinen hoch entwickelten Arbeitsgeräten kann vielleicht die Vermutung, dass Obelisken durch nasse Holzkeile oder durch unbekannte Säuren aus dem Gestein gelöst wurden, bestätigen. Der Geologe schuldet uns eine ganze Reihe von Antworten auf Fragen, was es mit gewissen eiszeitlichen Ablagerungen auf sich hat. In die Crew eines utopisch-archäologischen Jahres gehört selbstverständlich auch eine Tauchmannschaft, die im Toten Meer nach radioaktiven Spuren einer eventuellen Atomexplosion über Sodom und Gomorrha forscht.

Warum sind die ältesten Bibliotheken der Welt Geheimbibliotheken? Wovor denn hat man eigentlich Angst? Ist es die Sorge, dass die viele Jahrtausende behütete und verborgene Wahrheit endlich ans Licht kommt?

Oben: Diese Figuren nennt man »Dogus«. Mehrere davon fand man auf den japanischen Inseln. Die Figuren im Raumfahrerdress werden auf mindestens 600 v. Chr. datiert.
(Quelle: Foto-Archiv Erich von Däniken)

Dies ist eine von acht Stelen, die im vergangenen Jahrhundert in Guatemala gefunden wurden (heute im Berliner Museum für Völkerkunde). Man erkennt den »herniederfahrenden Gott«, umgeben von Feuerzungen. Die Menschen reichen ihm »Opfer« nach oben.
(Quelle: Foto-Archiv Erich von Däniken)

Forschung und Fortschritt sind nicht aufzuhalten. Die Ägypter hielten 4000 Jahre lang ihre »Götter« für reale Wesen. Wir brachten noch im Mittelalter in glühendem weltanschaulichen Eifer »Hexen« um. Die Vermutung der geistreichen Griechen, sie könnten aus einem Gänsemagen die Zukunft deuten, ist heute ebenso überholt wie die Überzeugung der Ewiggestrigen, dass Nationalismus noch von irgendeiner Wichtigkeit sei.

Wir haben tausendundeinen Irrtum der Vergangenheit zu korrigieren. Die Selbstsicherheit, die zur Schau getragen wird, ist fadenscheinig und nur noch eine schlichte Form akuter Sturheit. Immer noch herrscht am grünen Tisch der Wahn vor, ein Ding müsse erst bewiesen sein, ehe sich ein »seriöser« Mensch mit ihm beschäftigen darf – oder kann.

Dabei ist es für uns sehr viel leichter und einfacher geworden. Ehedem musste der, der einen neuen, noch nicht gedachten Gedanken aussprach, mit Ächtung und Verfolgung durch Kurie und Kollegen rechnen. Es müsste, denkt man, leichter geworden sein. Es gibt keine Bannbulle mehr, und Scheiterhaufen werden auch nicht mehr entzündet. Allein, die Methoden unserer Zeit sind zwar weniger spektakulär, aber sie sind kaum weniger fortschrittshemmend. Es geht geräuschloser und viel eleganter zu. Mit »killer-phrases«, wie die Amerikaner sagen, werden Hypothesen und unerträglich kühne Gedanken zugedeckt und eingefroren. Der Möglichkeiten gibt es viele:

Das widerspricht den Satzungen! (Immer gut!)

Da ist zu wenig klassisch! (Imponiert zuverlässig!)

Das ist zu radikal! (In seiner abschreckenden Wirkung ohne Vergleich!)

Da machen die Universitäten nicht mit! (Überzeugend!)

Das haben andere auch schon versucht! (Fraglos! Aber mit Erfolg?)

Wir können keinen Sinn darin erkennen! (Drum!)

Das verbietet die Religion! (Was soll man dazu sagen?)

Das ist noch nicht bewiesen! (Quod erat demonstrandum!)

»Der gesunde Menschenverstand muss einem sagen«, rief vor 500 Jahren ein Wissenschaftler in den Gerichtssaal, »dass die Erde niemals eine Kugel sein kann, sonst würden ja die Menschen auf der unteren Hälfte ins Bodenlose stürzen!«

»Es steht nirgends in der *Bibel*«, sagte ein anderer, »dass die Erde sich um die Sonne drehe. Folglich ist jede solche Behauptung Teufelswerk!«

Es scheint, als wäre Borniertheit immer ein besonderes Merkmal vor dem Beginn neuer Ideenwelten gewesen. An der Schwelle zum 21. Jahrhundert allerdings sollte der forschende Intellekt für fantastische Realitäten bereit sein. Er sollte begierig darauf sein, Gesetze und Erkenntnisse, die über Jahrhunderte als Tabu galten, durch neue Erkenntnisse jedoch infrage gestellt sind, zu revidieren. Mag eine Nobelgarde auch versuchen, diese neue geistige Flut einzudämmen, dann muss im Namen der Wahrheit, im Zeichen der Realität, eine neue Welt gegen alle Unbelehrbaren erobert werden. Wer noch vor 20 Jahren in wissenschaftlichen Kreisen von Satelliten sprach, beging eine Art von akademischem Selbstmord. Heute kreisen künstliche Himmelskörper, nämlich Satelliten, um die Sonne, haben den Mars fotografiert und sind inzwischen sanft auf dem Mond und auf der Venus gelandet, um mit ihren (Touristen-)Kameras erstklassige Fotos von der fremden Landschaft zur Erde zu funken. Als im Frühjahr 1965 die ersten solcher Fotos vom Mars auf die Erde gefunkt wurden, geschah dies mit einer Empfangsleistung von 0,000 000 000 000 000 01 Watt, einer Leistung von nahezu unvorstellbarer Schwäche.

Doch: NICHTS ist mehr unvorstellbar. Das Wort »unmöglich« sollte für den modernen Forscher wortwörtlich unmöglich geworden sein. Wer heute nicht mitgeht, wird morgen von der Wirklichkeit erdrückt werden.

Bleiben wir also beharrlich bei unserer Hypothese, wonach vor unbekannten tausend Jahren Astronauten von fremden Planeten die Erde besucht haben. Wir wissen, dass unsere unbefangenen und primitiven Vorfahren mit der überlegenen Technik der Astronauten nichts anzufangen wussten. Sie verehrten die Astronauten als »Götter«, die von anderen Sternen kamen, und den Astronauten blieb nichts anderes übrig, als diese göttliche Verehrung über sich ergehen zu lassen – eine Huldigung übrigens, auf die sich unsere Astronauten auf unbekannten Planeten geistig durchaus präparieren müssen.

In einigen Teilen unserer Erde leben heute noch Primitive, für die ein Maschinengewehr eine Teufelswaffe ist. Ist für sie ein Düsenflugzeug nicht vielleicht ein Fahrzeug der Engel? Hören sie aus einem Rundfunkgerät nicht die Stimme eines Gottes? Auch diese letzten Primitiven überliefern naiv und unschuldig die Eindrücke der uns bereits selbstverständlich scheinenden technischen Errungenschaften in ihren Sagen von Generation zu Generation. Immer noch ritzen sie ihre Göttergestalten und deren wunderbare vom Himmel kommenden Schiffe auf Fels- und Höhlenwände. Tatsächlich haben die Wilden uns derart bewahrt, was wir heute suchen.

Höhlenzeichnungen in Kohistan, in Frankreich, in Nordamerika und Südrhodesien, in der Sahara und in Peru, sogar in Chile liegen auf der Linie unserer Hypothese. Henri Lhote, ein französischer Forscher, entdeckte im Tassili (Sahara) einige hundert (!) von bemalten Wänden mit vielen tausend Tier- und Menschendarstellungen, darunter Gestalten mit kurzen, eleganten Röcken; sie tragen Stäbe und undefinierbare viereckige Kästen an den Stäben. Neben Tiermalereien erstaunen uns Wesen in einer Art von Taucheranzug. Der große Marsgott – so taufte Lhote die Riesenzeichnung – war ursprünglich sechs Meter hoch; der »Wilde« aber, der sie uns hinterlassen hat, hat kaum so primitiv sein können, wie wir es uns wünschen würden, damit alles adrett ins alte Denksystem passt. Denn immerhin brauchte der »Wilde« offenbar ein Arbeitsgerüst, um derart perspektivisch zeichnen zu können, denn Niveauverschiebungen haben in diesen Höhlen während der vergangenen Jahrtausende nicht stattgefunden. Uns will, ohne die Fantasie sonderlich zu strapazieren, scheinen, dass der große Marsgott in einem Raum- oder Taucheranzug dargestellt wurde. Auf seinen wuchtigen, plumpen Schultern liegt ein Helm, der durch eine Art von Gelenk mit dem Rumpf verbunden ist. Dort, wo Mund und Nase hingehören, zeigt der Helm verschiedene Schlitze. Bereitwillig würde man an einen Zufall glauben oder gar an die darstellerische Fantasie des vorzeitlichen »Künstlers«, wenn diese Darstellung einmalig wäre. Aber im Tassili finden sich einige dieser plumpen, gleich ausgerüsteten Figuren, und auch in den USA (Tulare Region, Kalifornien) sind sehr ähnliche Bilder an Felswänden gefunden worden.

Großzügig, wie wir die Dinge betrachten wollen, sind wir bereit, auch noch zu unterstellen, dass die Primitiven ungeschickt waren, und die Figuren in dieser ziemlich verunglückten Art konterfeiten. Warum aber konnten dann dieselben primitiven Höhlenbewohner in Perfektion Rinder und normale menschliche Wesen abbilden? Darum scheint es uns glaubwürdiger, anzunehmen, dass die »Künstler« durchaus fähig waren, das darzustellen, was sie tatsächlich sahen. In Inyo County (Kalifornien) ist in einer Höhlenzeichnung eine geometrische Figur – ohne extravaganten Spleen – als regelrechter Rechenschieber in doppeltem Rahmen identifizierbar. Die Archäologie meint dazu, es seien Göttergestalten …

Auf einem Keramikgefäß, im Iran (Siyalk) gefunden, prangt ein der Rasse nach unbekanntes Tier mit riesigen, kerzengeraden Hörnern auf dem Kopf. Warum nicht? Aber die beiden Hörner zeigen links und rechts je fünf Spiralen. Wenn man sich zwei Stangen mit großen Por-

Wen haben die steinzeitlichen Künstler dargestellt? Die Archäologen nennen das Wesen einen »Rundkopf«. Für mehr reicht es nicht. Tassili-Gebirge, Sahara. *(Quelle: Foto-Archiv Erich von Däniken)*

zellanisolatoren vorstellt, dann entspricht das etwa dieser Zeichnung. Was sagt die Archäologie dazu? Ganz einfach: Es handelt sich um das Symbol eines Gottes. Götter sind preiswert, man deutet vieles – mit Sicherheit alles Ungeklärte – mit Hinweis auf ihre unvorstellbare Jenseitigkeit. Im Raum des Unbeweisbaren lässt sich friedlich leben. Jedes Figürchen, das gefunden wird, jedes Ding, das man zusammenfügt, jede Gestalt, die sich aus Scherben ergänzen lässt – ordnet man flugs irgendeiner alten Religion zu. Passt aber so ein Ding selbst mit Gewalt in keine der existenten Religionen, dann wird – wie ein Kaninchen aus dem Zylinder – schnell ein neuer, verrückter Altertumskult hervorgezaubert. Schon geht die Rechnung wieder auf!

Was ist aber, wenn die Fresken im Tassili oder in den USA oder in Frankreich tatsächlich wiedergeben, was der Primitive gesehen hat? Was soll man antworten, wenn die Spiralen an den Stäben wirklich Antennen darstellten, wie sie der Primitive bei den fremden »Göttern« gesehen hat? Darf nicht sein, was nicht sein soll? Ein »Wilder«, der im-

Felsbild des »großen Marsgottes« im Tassili-Gebirge in der Sahara.
Die Felszeichnung ist im Original acht Meter hoch. Sie wurde vom französischen Archäologen Henri Lhote entdeckt. *(Quelle: Foto-Archiv Erich von Däniken)*

merhin die Fertigkeit besitzt, Wandmalereien zu vollbringen, kann doch gar so wild nicht mehr gewesen sein. Die Wandzeichnung der weißen Dame von Brandberg (Südafrika) könnte eine Malerei des 20. Jahrhunderts sein: im kurzärmligen Pullover, in eng anliegenden Hosen, mit Handschuhen, Kniebändern und Pantoffeln. Die Dame ist nicht allein; hinter ihr steht ein hagerer Mensch mit einer seltsam-stachligen Stange in der Hand, und er trägt einen sehr komplizierten Helm mit einer Art von Visier. Als moderne Malerei widerstandslos akzeptiert! Peinlich ist nur, dass es sich um eine Höhlenzeichnung handelt.

Alle Götter, die auf Höhlenzeichnungen in Schweden und Norwegen dargestellt sind, tragen, schier uniform, undefinierbare Köpfe. Es seien Tierköpfe, sagen die Archäologen. Was für ein Widersinn liegt darin, einen »Gott« zu verehren, den man gleichzeitig schlachtet und verspeist. Oft sieht man Schiffe mit Flügeln und sehr oft ganz typische Antennen.

Im Val Camonica (Brescia, Italien) wiederum gibt es Gestalten in plumpen Anzügen und, ärgerlicherweise, tragen sie auch Hörner auf dem Kopf. Wir gehen nicht so weit, zu behaupten, dass die italienischen Höhlenbewohner in regem Reiseverkehr zwischen Nordamerika oder Schweden, der Sahara und Spanien (Ciudad Real) pendelten, um einen Austausch ihrer darstellerischen Begabungen und Fortschritte zu exerzieren. Steht also die unangenehme Frage im Raum, warum die Primitiven, unabhängig voneinander, Gestalten in plumpen Anzügen mit Antennen auf den Köpfen schufen …

Kein Wort würden wir über diese ungeklärten Seltsamkeiten verlieren, gäbe es sie nur an einem Ort der Welt. Aber man findet sie fast überall.

Sobald wir die Vergangenheit mit unserem Blick sehen und aus der Fantasie unseres technischen Zeitalters erfüllen, beginnen die Schleier, die über dem Dunkel liegen, sich zu heben. Ein Studium uralter, heiliger Bücher hilft uns weiter, unsere Hypothese zu einer so denkbaren Realität werden zu lassen, dass die Vergangenheitsforschung auf die Dauer den revolutionären Fragen sich nicht mehr entziehen kann.

KAPITEL IV

Die Bibel *hat bestimmt recht – War Gott von der Zeit abhängig? – Moses' Bundeslade war elektrisch geladen – Allzweckfahrzeuge der »Götter« im Wüstensand – Die Sintflut war vorausgeplant – Warum forderten die »Götter« bestimmte Metalle?*

Die *Bibel* steckt voller Geheimnisse und Widersprüche.

Ihre Genesis beginnt mit der Erschaffung der Erde, die geologisch exakt wiedergegeben ist. Woher jedoch wusste der Chronist, dass die Mineralien den Pflanzen und die Pflanzen den Tieren vorangingen?

»Lasset uns den Menschen machen nach unserem Bilde …«, steht im 1. Buch Mose.

Warum spricht Gott im Plural? Warum sagt er »uns«, nicht »ich«, warum »unserem« und nicht »meinem«? Man darf unterstellen, dass der einzige Gott füglich in der Einzahl zu den Menschen sprechen würde, nicht im Plural.

»Als aber die Menschen anfingen, sich auf der Erde zu mehren, und ihnen Töchter geboren wurden, sahen die Gottessöhne, dass die Töchter der Menschen schön waren, und sie nahmen sie sich zu Weibern, welche sie nur wollten.« (Moses, 1. Buch, 6, 1 bis 2)

Wer kann Antwort auf die Frage geben, welche Gottessöhne sich Erdenmädchen zu Weibern nahmen? Das alte Israel hatte doch nur einen einzigen, unantastbaren Gott. Woher kommen die »Gottessöhne«?

»Zu jenen Zeiten – und auch nachmals noch –, als die Gottessöhne zu den Töchtern der Menschen sich gesellten und diese ihnen Kinder gebaren, waren die Riesen auf Erden. Das sind die Recken der Urzeit, die Hochberühmten.« (Moses, 1. Buch, 6, 4)

Da tauchen sie erneut auf, die Gottessöhne, die sich mit den Menschen vermischen. Hier ist auch zum ersten Mal von Riesen die Rede! »Riesen« tauchen immer und überall wieder auf: in der Mythologie von Ost und West, in den Sagen von Tiahuanaco und den Epen der Eskimos. »Riesen« geistern durch fast alle alten Bücher. Es muss sie also gegeben haben. Was waren das für Wesen, diese »Riesen«? Waren es unsere Vorfahren, die die gigantischen Bauten errichteten und die spielend die Monolithen herumschoben – oder waren es technisch versierte Raumfahrer von einem anderen Stern? Fest steht: Die *Bibel* spricht von »Riesen« und bezeichnet sie als »Gottessöhne«, und diese »Gottessöhne« mischen und vermehren sich mit den Töchtern der Menschen.

Moses übermittelt uns im 1. Buch 19, 1 einen sehr ausführlichen und im Detail erregenden Bericht über die Katastrophe von Sodom und Gomorrha. Assoziieren wir unsere Kenntnisse zu den gegebenen Schilderungen, dann werden ganz und gar nicht abwegige Vorstellungen wach.

Da kamen also am Abend zwei Engel nach Sodom, als Vater Lot gerade am Stadttor von Sodom saß. Offenbar erwartete Lot diese »Engel«, die sich bald als Männer zeigten, denn Lot erkannte sie sofort und lud sie gastfreundlich über Nacht in sein Haus ein. Die Lüstlinge der Stadt, erzählt die *Bibel*, wünschten den fremden Männern »beizuwohnen«. Die beiden Fremden konnten jedoch mit einer einzigen Gebärde die Sexuallust der einheimischen Playboys vertreiben: Die Störenfriede waren erledigt.

Die »Engel« forderten – laut Moses 1. 19, 12 bis 14 – Lot auf, seine Frau, seine Söhne und Töchter und die Schwiegersöhne und Schwiegertöchter eilends und dringend aus der Stadt hinauszuführen, denn, so wussten sie zu warnen, die Stadt würde in aller Bälde vernichtet werden. Die Familie mochte dieser seltsamen Aufforderung nicht so recht trauen und hielt das Ganze für einen schlechten Scherz von Vater Lot. Nehmen wir Moses wörtlich:

»Als nun die Morgenröte heraufkam, trieben die Engel Lot zur Eile an und sprachen: ›Auf, nimm dein Weib und deine beiden Töchter, die hier sind, dass du nicht weggerafft werdest durch die Schuld der Stadt.‹ Da er aber noch zögerte, ergriffen die Männer ihn und sein Weib und seine beiden Töchter bei der Hand, weil der Herr ihn verschonen wollte, führten ihn hinaus und ließen ihn draußen vor der Stadt. Als sie dieselben hinausgeführt hatten, sprach der Engel: ›Rette dich! Es gilt dein Leben! Sieh nicht hinter dich und bleibe nirgends stehen im ganzen Umkreis! Ins Gebirge rette dich, dass du nicht weggerafft werdest! – Schnell, rette dich dorthin, denn ich kann nichts tun, bis du dort hineingekommen bist.‹«

Unzweifelhaft ist nach dieser Berichterstattung, dass die beiden Fremden, die »Engel«, über eine den Bewohnern unbekannte Macht verfügten. Nachdenklich stimmt auch der suggestive Zwang, die Eile, mit denen sie die Familie Lot antrieben. Als Vater Lot zögerte, zerrten sie ihn an den Händen fort. Es muss um Minuten gegangen sein. Lot soll, so befehlen sie, ins Gebirge gehen und sich nicht umdrehen. Vater Lot allerdings scheint keinen unbegrenzten Respekt vor den »Engeln« gehabt zu haben, denn er riskiert immer wieder Einwände: »… aber ins Gebirge kann ich mich nicht retten; es könnte das Verderben mich ereilen, dass ich sterben müsste …« Wenig später gestehen die »Engel«, dass sie nichts für ihn tun können, wenn er nicht folgt.

Was eigentlich geschah in Sodom? Man kann sich nicht vorstellen, dass der allmächtige Gott an irgendeinen Zeitplan gebunden ist. Warum also diese Hast seiner »Engel«? Oder war die Vernichtung der Stadt doch von irgendeiner Macht auf die Minute festgelegt? Hatte der Countdown bereits begonnen, und wussten die »Engel« davon? Dann freilich wäre der Termin für die Vernichtung unaufschiebbar gewesen. Gab es keine einfachere Methode, die Familie Lot in Sicherheit zu bringen? Weshalb sollte sie partout ins Gebirge gehen? Und warum, um alles in der Welt, sollte sie sich nicht einmal mehr umblicken dürfen?

Unziemliche Fragen in einer ernsten Sache, zugegeben. Doch seit in Japan zwei Atombomben abgeworfen wurden, wissen wir, welche Schäden angerichtet werden und dass Lebewesen, die der direkten Strahlenwirkung ausgesetzt sind, sterben oder unheilbar erkranken. Denken wir einmal schwarz auf weiß, Sodom und Gomorrha seien nach Plan, also willentlich durch eine Kernexplosion zerstört worden. Vielleicht wollten – spekulieren wir weiter – die »Engel« ganz einfach spaltbares, gefährliches Material vernichten, mit Sicherheit aber eine ihnen unangenehme menschliche Brut ausrotten. Der Zeitpunkt der Vernichtung stand fest. Wer davonkommen sollte – wie die Familie Lot – musste sich einige Kilometer vom Explosionszentrum im Gebirge aufhalten: Die Felswände absorbieren selbstverständlich die harten, gefährlichen Strahlen. Ja, und – wer weiß es nicht? – Lots Weib drehte sich um und starrte genau in die Atomsonne. Niemand wundert es mehr, dass sie auf der Stelle tot zusammenbrach. »Der Herr aber ließ Schwefel und Feuer auf Sodom und Gomorrha regnen …«

Und so geht bei Moses (1. 19, 27 bis 28) der Katastrophenbericht zu Ende:

»Am anderen Morgen in der Frühe machte sich Abraham auf an den Ort, wo er vor dem Herrn gestanden hatte, und schaute hinab auf Sodom und Gomorrha und auf das ganze umliegende Land. Da sah er den Qualm aufsteigen von dem Lande, wie Qualm von einem Schmelzofen.«

Wir mögen gläubig sein wie unsere Väter, bestimmt sind wir weniger leichtgläubig. Wir können uns bei bestem Willen keinen allmächtigen, allgegenwärtigen, allgütigen Gott vorstellen, der keine Zeitbegriffe kennt und zugleich nicht weiß, was geschehen wird. Gott schuf den Menschen, und er war mit seinem Werk zufrieden. Dennoch scheint ihn seine Tat später gereut zu haben, weil derselbe Schöpfer beschloss, den Menschen wieder zu vernichten. Uns aufgeklärten Kindern dieser Zeit fällt es auch schwer, einen allgütigen Vater zu denken, der unter zahllosen anderen sogenannte Lieblingskinder bevorzugt, wie eben die Familie Lot. Das Alte Testament gibt eindringliche Schilderungen, in denen Gott allein oder seine Engel unter großem Lärm und starker Rauchentwicklung direkt vom Himmel herniederflogen. Eine der originellsten Beschreibungen solcher Ereignisse überlieferte uns der Prophet Hesekiel:

»Es begab sich im dreißigsten Jahre, am fünften Tage des vierten Monats, als ich am Flusse Chebar unter den Verbannten war, da tat sich der Himmel auf. Ich aber sah, wie ein Sturmwind daherkam von Norden und eine große Wolke, umgeben von strahlendem Glanz und einem unaufhörlichen Feuer, aus dessen Mitte es blinkte wie Glanzerz. Und mitten darin erschienen Gestalten wie von vier lebenden Wesen; die waren anzusehen wie Menschengestalten. Und ein jedes hatte vier Gesichter und ein jedes vier Flügel. Ihre Beine waren gerade, und ihre Fußsohle war wie die Fußsohle eines Kalbes, und sie funkelten wie blankes Erz.«

Hesekiel gibt ein sehr präzises Datum für die Landung dieses Vehikels. Er sieht auch in genauer Beobachtung ein Fahrzeug, das von Norden kommt, das strahlt und glänzt und das eine riesige Wolke von Wüstensand aufwirbelt. Denken wir an den allmächtigen Gott der Religionen: Hat dieser allmächtige Gott es nötig, aus einer bestimmten Richtung daherzurasen – kann er nicht ohne viel Aufhebens und Getöse dort sein, wo er zu sein wünscht?

Folgen wir weiter dem Erlebnisbericht des Propheten Hesekiel:

»Weiter sah ich neben jedem der vier lebenden Wesen ein Rad auf dem Boden. Das Aussehen der Räder war wie der Schimmer eines Chrysoliths, und die vier Räder waren alle von gleicher Gestalt, und sie waren so gearbeitet, als wäre je ein Rad mitten im andern. Sie konnten nach allen vier Seiten gehen, ohne sich im Gehen zu wenden. Und ich sah, dass sie Felgen hatten, und ihre Felgen waren voll Augen ringsum an allen vier Rädern. Wenn die lebenden Wesen gingen, so gingen auch die Räder neben ihnen, und wenn sich die lebenden Wesen vom Boden erhoben, so erhoben sich auch die Räder.«

Die Beschreibung ist verblüffend gut: Hesekiel meint, dass je ein Rad mitten im anderen war. Eine optische Täuschung! Aus unseren heutigen Vorstellungen sah er eine Spiralwalze, wie die Amerikaner sie im Wüstensand und in Sumpfgebieten einsetzen. Hesekiel beobachtet, dass sich die Räder gleichzeitig mit den Flügeln vom Boden erhoben. Das stimmte genau. Selbstverständlich bleiben die Räder eines Allzweckfahrzeuges, etwa eines Amphibienhelikopters, nicht am Boden, wenn es sich in die Luft erhebt.

Weiter mit Hesekiel:

»Menschensohn, stelle dich auf deine Füße, ich will mit dir reden.«

Diese Stimme vernahm der Berichterstatter und vergrub vor Angst und Ehrfurcht sein Angesicht im Boden. Die fremden Erscheinungen redeten unseren Hesekiel mit »Menschensohn« an, und sie wollten mit ihm sprechen. Weiter im Bericht:

»… und ich hörte hinter mir ein gewaltiges Getöse, als sich die Herrlichkeit des Herrn von ihrer Stelle erhob, das Rauschen der Flügel der lebenden Wesen, die einander berührten, und das Rasseln der Räder zugleich mit ihnen war ein gewaltiges Getöse.«

Außer der ziemlich genauen Beschreibung des Fahrzeugs notiert Hesekiel auch den Lärm, den dies nie gesehene Ungetüm erzeugt, wenn es vom Boden startet. Er bezeichnet den Krach, den die Flügel machen, mit einem Rauschen und das Rasseln der Räder mit einem gewaltigen Getöse. Gibt diese Schilderung eines Augenzeugen nicht zu denken? Die »Götter« sprachen mit Hesekiel und forderten ihn auf, er solle nun für Ordnung und Sauberkeit im Lande sorgen. Sie nahmen ihn mit in ihr Fahrzeug und bestätigten ihm derart, dass sie das Land noch nicht verlassen hatten. Auf Hesekiel hat das Erlebnis einen starken Eindruck gemacht, denn er wird nicht müde, das unheimliche Fahrzeug immer wieder zu beschreiben. Noch dreimal gibt er die Beschreibung, dass je ein Rad mitten im anderen war und dass die vier Räder nach allen Seiten gehen konnten, ohne sich im Gehen zu wenden. Und ganz besonders beeindruckte es ihn, dass der ganze Leib des Fahrzeugs, der Rücken, die Hände und die Flügel, selbst die Räder, mit Augen gespickt waren. Zweck und Ziel der Reise offenbaren die »Götter« dem Chronisten später, als sie ihm sagen, dass er inmitten eines widerspenstigen Geschlechts lebe, das Augen habe zu sehen und doch nichts sehe, und

Ohren habe zu hören und doch nichts höre. Derart über seinen Umgang aufgeklärt, folgen – wie allen Schilderungen solcher Landungen – Ratschläge und Anweisungen für Ordnung und Sauberkeit, insgesamt Tipps für eine ordentliche Zivilisation. Hesekiel nahm den Auftrag sehr ernst und gab die Anweisungen der »Götter« weiter.

Wieder stehen wir vor einem Konvolut von Fragen.

Wer sprach mit Hesekiel? Was waren das für Wesen?

»Götter« der herkömmlichen Vorstellung waren es gewiss nicht, denn die benötigten doch wohl kein Fahrzeug, um von einem Ort zum anderen zu kommen. Es scheint uns diese Art der Fortbewegung mit der Vorstellung vom allmächtigen Gott unvereinbar.

Im Buch der Bücher gibt es eine andere technische Erfindung, über die in diesem Zusammenhang und unverblendet zu berichten lohnt.

Im 2. Buch, 25, 10 berichtet Moses über die genauen Anweisungen, die »Gott« zum Bau der Bundeslade gab. Die Richtlinien werden zentimetergenau angegeben, wie und wo Stäbe und Ringe anzubringen sind und aus welcher Legierung die Metalle zusammengesetzt sein sollen. Die Anweisungen zielten auf eine genaue Ausführung, wie der »Gott« sie zu haben wünschte: Er ermahnte Moses mehrfach, keine Fehler zu machen. »Und sieh zu, dass du alles genau nach dem Vorbild machst, das dir auf dem Berg gezeigt werden soll …« (2. Buch Mose, 25, 40)

»Gott«, sagte Moses auch, dass er selbst mit ihm sprechen werde, und zwar von der Deckplatte her. Niemand, schärfte er Moses ein, dürfte in die Nähe der Bundeslade kommen, und für deren Transport gab er genaue Vorschriften über die zu tragende Kleidung und das geeignete Schuhwerk. Trotz aller Sorgfalt gab es dann doch eine Panne (2. Buch Samuel, Kapitel 6): Als David die Bundeslade transportieren ließ, ging Ussa daneben her. Als vorbeiziehende Rinder die Bundeslade ausmachten, sie angriffen und umzustürzen drohten, griff Ussa mit der Hand an die Lade: Wie vom Blitz getroffen, fiel er auf der Stelle tot um.

Fraglos war die Bundeslade elektrisch geladen! Wenn man nämlich die von Moses überlieferten Anweisungen heute rekonstruiert, entsteht ein auf mehrere hundert Volt geladener Kondensator. Dieser wurde durch die Goldplatten gebildet, von denen die eine positiv und die andere negativ aufgeladen war. Wirkte nun noch einer der beiden Cheruben auf der Deckplatte als Magnet, dann war der Lautsprecher – vielleicht sogar eine Art von Gegensprechanlage zwischen Moses und dem Raumschiff – perfekt. Die Details der Konstruktion der Bundeslade sind in schönster Ausführlichkeit in der *Bibel* nachzulesen. Ohne Gedächtnisauffrischung ist uns in Erinnerung, dass die Bundeslade oft von sprühenden Funken umgeben war und dass Moses – wann immer er Rat und Hilfe brauchte – sich dieses »Senders« bediente. Moses hörte die Stimme seines Herrn, aber er hat ihn nie zu Gesicht bekommen. Als er ihn einmal darum bat, sich ihm zu zeigen, antwortete sein »Gott«:

»Du kannst mein Angesicht nicht schauen, denn kein Mensch bleibt am Leben, der mich schaut. Und der Herr sprach: Siehe, da ist Raum neben mir, tritt auf den Felsen. Wenn nun meine Herrlichkeit vorübergeht, will ich dich in eine Kluft des Felsens stellen, und meine Hand schützend über dich breiten, bis ich vorüber bin. Und wenn ich dann meine Hand weghebe, darfst du nachschauen, aber mein Angesicht kann niemand sehen!« (2. Buch Moses, 33, 20)

Es gibt verblüffende Duplizitäten. Im *Gilgamesch-Epos,* das von den Sumerern stammt und viel älter als die *Bibel* ist, steht auf der fünften Tafel seltsamerweise der gleiche Satz:

»Kein Sterblicher kommt auf den Berg, wo die Götter wohnen. Wer den Göttern ins Angesicht schaut, muss vergehen.«

In verschiedenen alten Büchern, die Teile der Menschheitsgeschichte überliefern, gibt es sehr ähnliche Schilderungen. Warum wollten sich die »Götter« nicht von Angesicht zu Angesicht zeigen? Warum ließen sie ihre Masken nicht fallen? Was fürchteten sie? Oder stammt die Schilderung im 2. Buch Moses gar aus dem *Gilgamesch-Epos?* Möglich ist auch das; schließlich soll Moses am ägyptischen Königshof erzogen worden sein. Vielleicht hatte er während dieser Jahre Zutritt zu den Bibliotheken oder bekam Kunde von alten Geheimnissen.

Vielleicht müssen wir auch unsere alttestamentarische Datierung infrage stellen, weil manches dafür spricht, dass der viel später lebende David noch gegen Riesen mit sechs Fingern und sechs Zehen kämpfte (2. Buch Samuel, 24, 18–22). Bedenken muss man auch die Möglichkeit, dass alle die uralten Geschichten, Sagen und Berichte an einem Ort gesammelt und zusammengetragen wurden und später ein bisschen gemischt und kopiert durch die Länder wanderten.

Die Funde der vergangenen Jahre am Toten Meer (Qumrantexte) ergeben eine wertvolle und erstaunliche Ergänzung zur biblischen Genesis. Wieder erzählt eine Reihe bisher unbekannter Schriften von Himmelswagen, von Söhnen des Himmels, von Rädern und vom Rauch, den die fliegenden Erscheinungen um sich verbreiteten. In der Moses-Apokalypse (Kapitel 33) blickte Eva zum Himmel auf und sah dort einen Lichtwagen heranfahren, der von vier glänzenden Adlern gezogen wurde. Kein irdisches Wesen hätte diese Herrlichkeit beschreiben können, heißt es bei Moses. Schließlich sei der Wagen zu Adam gefahren und zwischen den Rädern sei Rauch hervorgestoben. Diese Geschichte, am Rande notiert, sagt uns nicht viel Neues: Immerhin aber wird bereits in Zusammenhang mit Adam und Eva zum ersten Mal von Lichtwagen, Rädern und Rauch als herrlichen Erscheinungen gesprochen.

In der Lamech-Rolle wurde eine fantastische Begebenheit dechiffriert. Da die Rolle nur bruchstückhaft erhalten ist, fehlen im laufenden Text Sätze und ganze Absätze. Was übrig blieb, ist allerdings wunderlich genug, um es zu berichten.

Diese Überlieferung weiß, dass eines schönen Tages Lamech, Noahs Vater, heimkam und mit der Anwesenheit eines Jungen überrascht wurde, der nach seinem Äußeren so ganz und gar nicht in die Familie passte. Lamech machte seinem Weibe Bat-Enosch heftige Vorwürfe und behauptete, dieses Kind stamme nicht von ihm. Nun beschwor Bat-Enosch bei allem, was ihr heilig war, dass der Same von ihm, Vater Lamech, stamme – weder von einem Soldaten noch von einem Fremden noch von einem der »Söhne des Himmels«. (In Klammern vermerkt die Frage: Von was für einer Art von »Söhnen des Himmels« sprach Bat-Enosch eigentlich? Immerhin ereignete sich dieses Familiendrama vor der Sintflut.)

Lamech glaubt jedenfalls die Beteuerungen seines Weibes nicht und macht sich, zutiefst beunruhigt, auf, seinen Vater Methusalem um Rat zu fragen. Angekommen, berichtet er die ihm so betrüblich scheinende Familienstory. Methusalem hört sich das an, denkt nach und macht sich seinerseits auf den Weg, den weisen Henoch zu befragen. Das Kuckucksei in der Familie brachte so viel Aufregung, dass der alte Herr die Strapazen der weiten Reise auf sich nahm: Es musste Klarheit in die Herkunft des kleinen Jungen gebracht werden. Methusalem schildert also, dass da in der Familie seines Sohnes ein Junge aufgetaucht sei, der weniger wie ein Mensch, vielmehr wie ein Himmelssohn aussähe: Die Augen, die Haare, die Haut, das ganze Wesen passe nicht in die Familie.

Der kluge Henoch lauscht dem Bericht und schickt den alten Methusalem mit der außerordentlich beunruhigenden Nachricht auf den Rückweg, dass ein großes Strafgericht über die Erde und die Menschheit kommen würde und alles »Fleisch« würde vernichtet werden, weil es schmutzig und verderbt sei. Der kleine, fremde Junge aber, den die Familie beargwöhne, sei zum Stammvater der Nachkommenschaft jener bestimmt, die das große Weltgericht überleben würden; deshalb solle er seinem Sohn Lamech befehlen, das Kind auf den Namen Noah zu taufen. Methusalem reist zurück, informiert seinen Sohn Lamech über das, was ihnen allen bevorsteht. Was bleibt Lamech zu tun, als das ungewöhnliche Kind als sein eigenes anzuerkennen und es künftig Noah zu nennen!

Erstaunlich an dieser Familiengeschichte ist die Mitteilung, dass schon Noahs Eltern über die zu erwartende Sintflut unterrichtet waren und dass sogar Großvater Methusalem noch von dem gleichen Henoch, der bald darauf der Überlieferung zufolge in einem feurigen Himmelswagen für immer entrückte, auf das schreckliche Ereignis vorbereitet wurde.

Stellt sich hier nicht ernsthaft die Frage, ob die menschliche Rasse nicht ein Akt gewollter »Züchtung« fremder Wesen aus dem Weltall ist? Was sonst kann die immer wiederkehrende Befruchtung der Menschheit durch Riesen und Himmelssöhne mit der darauffolgenden Ausrottung misslungener Exemplare für einen Sinn haben? In solcher Sicht wird die Sintflut zu einem vorausgeplanten Projekt angelandeter unbekannter Wesen mit dem Ziel, die menschliche Rasse bis auf wenige edle Ausnahmen zu vernichten. Wenn aber die Sintflut, die in ihrem Ablauf geschichtlich bewiesen ist, mit klarer Absicht vorausgeplant und eingeleitet wurde – und zwar mehrere hundert Jahre, bevor Noah den Auftrag zum Bau der Arche bekam –, dann lässt sie sich nicht mehr als göttliches Gericht hinnehmen.

Die Möglichkeit der Aufzucht einer intelligenten menschlichen Rasse ist heute keine so absurde These mehr. Wie die Sage von Tiahuanaco und die Inschrift am Giebel des Sonnentores von einem Raumschiff berichten, das die Urmutter zum Zweck des Kindergebärens auf der Erde absetzte, so werden auch die alten heiligen Schriften nicht müde, zu berichten, dass »Gott« den Menschen nach seinem Ebenbild schuf. Es gibt Texte, die notieren, dass es dazu verschiedener Experimente bedurfte, bis der Mensch endlich so gelungen war, wie »Gott« ihn haben wollte. Mit der Hypothese eines Besuches fremder Intelligenz aus dem Kosmos auf unserer Erde dürfen wir unterstellen, dass wir heute ähnlich geartet sind wie eben jene sagenhaften fremden Wesen.

In dieser Kette von Beweismitteln liefern auch die Opfergaben, welche die »Götter« den Urahnen abforderten, kuriose Rätsel. Es wurden bei Weitem nicht nur Weihrauch und Tieropfer verlangt! Oft stehen Münzen nach genau vorgeschriebenen Metalllegierungen auf den Wunschzetteln. De facto fand man in Ezeon-Geber die größte Schmelzanlage des Alten Orients: einen regelrechten, hochmodernen Schmelzofen mit einem System von Luftkanälen, Rauchfängen und zweckbestimmten Öffnungen. Verhüttungsexperten unserer Tage stehen vor dem bislang ungeklärten Phänomen, wie in dieser uralten Anlage Kupfer geläutert werden konnte. Das war zweifellos der Fall, denn in den Höhlen und Stollen rings um Ezeon-Geber fand man große Bestände an Kupfersulfat. All diesen Funden gibt man ein Alter von mindestens 5000 Jahren.

Wenn unsere Raumfahrer eines Tages auf einem Planeten Primitiven begegnen, werden sie diesen vermutlich auch als »Himmelssöhne« oder »Götter« erscheinen. Möglicherweise werden unsere Intelligenzen in diesen unbekannten und noch ungeahnten Räumen den dortigen Ureinwohnern um den gleichen Zeitraum voraus sein, wie jene sagenhaften Erscheinungen aus dem All unseren Altvorderen weit voraus waren. Welche Enttäuschung aber, wenn auch an jenem noch unbekannten Landeort die Zeit weiterging und unsere Astronauten nicht »Götter«, sondern als weit hinter der Zeit lebende Wesen lächelnd begrüßt werden?

KAPITEL V

»Götter« und Menschen paarten sich gern – Eine Schau neuer Fahrzeuge – Angaben über Beschleunigungskräfte – Der erste Tatsachenbericht über einen Blick aus einem Raumschiff – Ein Überlebender der Sintflut erzählt – Was ist »Wahrheit«?

Um die Jahrhundertwende wurde im Hügel von Kujundschik ein aufsehenerregender Fund gemacht: Auf zwölf Tontafeln eingekerbt, fand man ein Heldenepos von starker Ausdruckskraft; es gehörte zur Bibliothek des Assyrerkönigs Assurbanipal. Das Epos war in Akkadisch geschrieben; inzwischen wurde ein zweites Exemplar gefunden, das auf den König Hamurabi zurückgeht.

Eindeutig steht fest, dass die Urfassung des *Gilgamesch-Epos* den Sumerern zu verdanken ist, diesem geheimnisvollen Volk, dessen Herkunft wir nicht kennen, das uns aber die erstaunlichen Zahlenreihen und eine großartige Astronomie hinterließ. Evident ist auch, dass der rote Faden im *Gilgamesch-Epos* parallel zur Genesis der *Bibel* verläuft.

Auf der ersten Tontafel der Funde von Kujundschik wird berichtet, dass der siegreiche Held Gilgamesch die Mauer um Uruk gebaut hat. Man liest, dass der »Himmelsgott« in einem erhabenen Haus wohnte, das über Kornspeicher verfügte, und dass auf den Stadtmauern Wächter standen. Es ist zu erfahren, dass Gilgamesch eine Mischung von »Gott« und Mensch war: zu zwei Dritteln »Gott«, zu einem Drittel Mensch. Pilger, die nach Uruk kamen, sahen das Bild seines Leibes in Staunen und Furcht, weil sie nie zuvor etwas Ähnliches an Schönheit und Kraft gesehen hatten. Wieder also steht am Beginn des Berichtes der Gedanke einer Befruchtung von »Gott« und Mensch.

Die zweite Tafel weiß zu melden, wie eine weitere Gestalt – Enkidu – von der Himmelsgöttin Aruru geschaffen wird. Enkidu wird sehr genau beschrieben: Er sei am ganzen Körper behaart, er wisse nichts von Land und Leuten, er sei mit Fellen bekleidet, esse Kräuter des Feldes und trinke mit dem Vieh an gemeinsamer Tränke, auch tummle er sich in der Flut mit dem Gewimmel des Wassers.

Als Gilgamesch, der König der Stadt Uruk, von diesem wenig attraktiven Wesen hört, regt er an, man solle dem Primitiven eine schöne Frau geben, damit er von dem Vieh entfremdet werde. Enkidu, der Primitive, fällt (ob mit Vergnügen, wird nicht berichtet) auf den Trick des Königs herein und verbringt sechs Tage und sechs Nächte mit einer halbgöttlichen Schönheit. – Diese kleine königliche Kuppelei gibt zu denken: In einer barbarischen Welt liegt der Gedanke an eine Kreuzung zwischen Halbgott und Halbtier doch nicht so nahe.

Und die dritte Tafel weiß nun wieder von einer Wolke aus Staub, die aus der Ferne kam, zu berichten: Der Himmel habe gebrüllt, die Erde gebebt, und schließlich sei der »Sonnengott« gekommen und habe Enkidu mit mächtigen Flügeln und Krallen gepackt. Man liest mit Erstaunen, dass es wie Bleischwere auf Enkidus Körper gelegen habe und dass ihm das Gewicht seines Körpers wie das Gewicht eines Felsens vorgekommen sei.

Billigen wir den alten Erzählern nicht weniger Fantasie zu, als wir sie aufzubringen vermögen – und ziehen wir auch noch die Zutaten der Übersetzer und Kopisten ab, dann bleibt doch die Utopie des Berichts übrig: Woher sollten und konnten die alten Chronisten wissen, dass die Last des Körpers bei einer gewissen Beschleunigung schwer wie Blei wird? Uns sind die Gravitations- und Beschleunigungskräfte bekannt. Wenn ein Astronaut bei seinem Start mit mehreren gravos in seinen Sitz gepresst wird, dann ist das vorausberechnet.

Welche Fantasie aber gab den alten Chronisten diesen Gedanken ein?

Die fünfte Tafel berichtet, wie sich Gilgamesch und Enkidu auf den Weg machen, den Wohnsitz der »Götter« gemeinsam zu besuchen. Von Weitem schon habe der Turm, in dem die Göttin Irninis lebte, gestrahlt. Pfeile und Wurfgeschosse, die sie als vorsichtige Wanderer auf die Wächter schleuderten, seien wirkungslos abgeprallt. Und als sie das Gehege der »Götter« erreichten, dröhnte ihnen eine Stimme entgegen:

»Kehrt um! Kein Sterblicher kommt auf den heiligen Berg, wo die Götter wohnen, wer den Göttern ins Angesicht schaut, muss vergehen.«

»Du kannst mein Angesicht nicht schauen, denn kein Mensch bleibt am Leben, der mich schaut …«, heißt es bei Moses im 2. Buch.

Auf der siebenten Tafel steht nun der erste Augenzeugenbericht einer Raumfahrt, von Enkidu mitgeteilt: Vier Stunden sei er in den ehernen Krallen eines Adlers geflogen. Und dies ist der Bericht im Wortlaut:

»Er sprach zu mir: ›Schau hinunter aufs Land! Wie sieht es aus? Blick auf das Meer! Wie erscheint es dir?‹ Und das Land war wie ein Berg, und das Meer wie ein kleines Gewässer. Und wieder flog er höher, vier Stunden hinauf, und sprach zu mir: ›Schau hinunter aufs Land! Wie sieht es aus? Blick auf das Meer! Wie erscheint es dir?‹ Und die Erde war wie ein Garten, und das Meer wie der Wasserlauf eines Gärtners. Und wieder vier Stunden flog er höher und sprach: ›Schau hinunter aufs Land! Wie sieht es aus? Blick auf das Meer! Wie erscheint es dir?‹ Und das Land sah aus wie ein Mehlbrei, und das Meer wie ein Wassertrog.«

Hier muss irgendein Wesen den Erdball aus großer Höhe gesehen haben! Zu richtig ist der Bericht, als dass er reines Produkt der Fantasie sein könnte! Wer hätte berichten können, dass das Land wie ein Mehlbrei, das Meer wie ein Wassertrog ausgesehen habe, wenn noch nicht die geringste Vorstellung der Erdkugel »von oben« bestanden hat? Denn tatsächlich sieht die Erde aus beträchtlicher Höhe wie ein Puzzlespiel aus Mehlbrei und Wassertrögen aus.

Wenn auf der gleichen Tafel berichtet wird, dass eine Tür wie ein lebender Mensch sprach, ist diese seltsame Erscheinung für uns ohne Nachdenken als Lautsprecher identifizierbar. Und auf der achten Tafel stirbt derselbe Enkidu, der die Erde aus ziemlicher Höhe gesehen haben muss, an einer geheimnisvollen Krankheit, so geheimnisvoll, dass Gilgamesch fragt, ob ihn vielleicht der giftige Hauch eines Himmelstieres getroffen habe. Woher wohl nahm Gilgamesch seine Ahnung, dass der giftige Hauch eines Himmelstieres eine tödliche und unheilbare Krankheit hervorrufen konnte?

Die neunte Tafel schildert, wie Gilgamesch den Tod seines Freundes Enkidu beweint und beschließt, eine weite Reise zu den Göttern zu unternehmen, weil ihn der Gedanke nicht mehr loslässt, er könnte an derselben Krankheit wie Enkidu sterben. Im Tafelbericht steht, dass Gilgamesch zu zwei Bergen kam, die den Himmel trugen, und dass sich zwischen diesen Bergen das Sonnentor wölbte. Vor dem Sonnentor begegnete er Riesen, die ihn nach längerem Gespräch passieren ließen, weil er ja selbst zu zwei Dritteln Gott sei. Schließlich fand Gilgamesch den Park der Götter, hinter dem sich das unendliche Meer weitete. Zweimal warnten die Götter Gilgamesch auf seinem Weg:

»Gilgamesch, wohin läufst du? Das Leben, das du suchst, wirst du nicht finden. Als die Götter den Menschen erschufen, bestimmten sie den Tod für die Menschen, das Leben behielten sie für sich selbst.«

Gilgamesch ließ sich nicht warnen; auf jede Gefahr hin wollte er Utnapischtim erreichen, den Vater der Menschen. Utnapischtim aber lebte jenseits des großen Meeres; es führte kein Weg zu ihm und außer dem Sonnengott flog kein Schiff hinüber. Unter mannigfachen Gefahren überquerte Gilgamesch das Meer, sodass die elfte Tafel seine Begegnung mit Utnapischtim schildern kann.

Gilgamesch fand die Gestalt des Vaters der Menschen nicht größer und breiter als seine eigene, und er meinte, sie seien einander ähnlich gewesen wie ein Vater dem Sohn. Utnapischtim nun erzählte Gilgamesch seine Vergangenheit, merkwürdigerweise in der Ich-Form.

Zu unserer Verblüffung bekommen wir von Utnapischtim eine genauere Schilderung der Sintflut; er erzählt, dass die »Götter ihn vor der kommenden großen Flut warnten und ihm den Auftrag gaben, eine Barke zu bauen, auf die er Frauen und Kinder, seine Verwandtschaft und Handwerker jedweder Kunst bergen sollte. Die Beschreibung des Unwetters, der Finsternis, der steigenden Fluten und der Verzweiflung der Menschen, die er nicht mitnehmen konnte, ist von einer heute noch packenden Erzählungskraft. Wir hören auch hier – ähnlich wie in der *Bibel* im Bericht Noahs – die Geschichte vom Raben und der Taube, die aufgelassen wurden, und wie schließlich, als die Wasser sanken, die Barke auf einem Berg anlandete. – Die Parallele vom Bericht über die Sintflut im *Gilgamesch-Epos* und in der *Bibel* ist unzweifelhaft, sie wird auch von keinem Forscher bestritten. Faszinierend an dieser Parallelität ist, dass wir es mit anderen Vorzeichen und anderen »Göttern« zu tun haben.

Stammt der Sintflutbericht der *Bibel* aus zweiter Hand, so weist die Ich-Form der Erzählung Utnapischtims darauf hin, dass im *Gilgamesch-Epos* ein Überlebender, ein Augenzeuge, zu Wort kam.

Dass im Alten Orient vor einigen tausend Jahren eine Flutkatastrophe stattfand, ist eindeutig belegt. Altbabylonische Keilschrifttexte geben sehr genau an, wo Reste der Barke eigentlich zu finden sein müssten; an der Südseite des Ararat fand man drei Holzstücke, die vielleicht auf die Landestelle der Arche deuten. Im Übrigen sind die Chancen, Reste eines Schiffes, das vornehmlich aus Holz gebaut war und das vor mehr als 6000 Jahren eine Flut überstand, zu finden, außerordentlich gering.

Im *Gilgamesch-Epos* finden wir nicht nur allerfrüheste Berichte, wir finden darin auch utopische Schilderungen, die von keiner Intelligenz der Entstehungszeit der Tafeln erfunden sein können und wie sie ebenso wenig Übersetzer und Kopisten der Jahrhunderte, die darüber hinweggingen, erdichtet haben können. Denn in den Schilderungen sind Tatsachen verborgen, die, mit heutigen Augen gesehen, den Autoren des *Gilgamesch-Epos* bekannt gewesen sein müssen.

Kann eine neue Fragestellung ein wenig Licht in das Dunkel bringen? Ist es möglich, dass sich das *Gilgamesch-Epos* gar nicht im Alten Orient, sondern im Raum Tiahuanaco ereignet hat? Ist es denkbar, dass Nachkommen des Gilgamesch aus Südamerika kamen und das Epos mitbrachten? Eine Bejahung der Fragen ergäbe immerhin eine Erklärung für die Erwähnung des Sonnentores, für die Überquerung des Meeres und zugleich für das plötzliche Auftauchen der Sumerer, denn alle Schöpfungen des späteren Babylon gehen bekanntlich auf die Sumerer zurück! Zweifellos verfügte die ägyptische Hochkultur der Pharaonen über Bibliotheken, in denen die alten Geheimnisse aufbewahrt, gelehrt, gelernt und abgeschrieben wurden. Moses wuchs – wir sagten es schon – am ägyptischen Hof auf, sicherlich hatte er Zutritt zu den ehrwürdigen Bibliotheksräumen. Moses war ein gelehriger und gelehrter Herr, er soll ja auch fünf seiner Bücher ursprünglich selbst geschrieben haben, obwohl es bis heute ein ungelöstes Rätsel ist, in welcher Sprache er seine Bücher geschrieben haben könnte.

Setzen wir die Hypothese, das *Gilgamesch-Epos* wäre von den Sumerern über die Assyrer und Babylonier nach Ägypten gekommen und der junge Moses hätte es dort gefunden und für seine Zwecke adaptiert, dann wäre nicht die biblische, sondern die sumerische Sintflutgeschichte die echte …

Darf man solche Fragen nicht stellen? Uns scheint, dass die klassische Methode der Urgeschichtsforschung festgefahren ist und darum nicht zu den richtigen, hieb- und stichfesten Ergebnissen kommen kann. Sie ist zu sehr an ihr Denkmodell fixiert, es bleibt kein Spielraum für Fantasie und Spekulation, die allein einen schöpferischen Impuls bringen könnten.

Manche Forschungsmöglichkeiten im Alten Orient scheiterten fraglos an der Unantastbarkeit und Heiligkeit der Bücher der *Bibel*. Man wagte nicht, vor solchem Tabu Fragen zu stellen und Zweifel laut werden zu lassen. Die angeblich so aufgeklärten Forscher noch des 19. und 20. Jahrhunderts hingen in den geistigen Fesseln Jahrtausende alter Irrtümer – weil der Weg zurück Teile der Berichte der *Bibel* infrage stellen muss. Dabei müsste selbst ein sehr gläubiger Christ begreifen, dass manche im Alten Testament geschilderten Begebenheiten sich wirklich nicht mit dem Wesen eines gütigen, großen und allgegenwärtigen Gottes vereinbaren lassen. Gerade der, der die Glaubensthesen der *Bibel* unantastbar bewahren will, muss oder müsste daran interessiert sein zu erklären, wer denn die Menschen im Altertum erzog, wer ihnen die ersten Regeln für ein gesellschaftliches Zusammenleben gab, wer ihnen Gesetze der Hygiene vermittelte und wer die Verkommenen vernichtete.

Wenn wir so denken und fragen, sind wir nicht gottlos. Wir sind fest überzeugt, dass, wenn die letzte Frage nach unserer Vergangenheit eine echte und überzeugende Antwort bekommen hat, ETWAS im Unendlichen bleiben wird, das wir mangels eines besseren Namens GOTT nennen.

Doch die Hypothese, dass der unvorstellbare Gott zu seiner Fortbewegung Fahrzeuge mit Rädern und Flügeln brauchte, sich mit primitiven Menschen paarte und seine Maske nicht fallen lassen durfte, bleibt – solange es keine Beweise dafür gibt – eine Ungeheuerlichkeit und Anmaßung. Die Antwort der Theologen, Gott sei weise und wir könnten nicht ahnen, auf welche Art er sich zeige und sich sein Volk untertänig mache, liegt nicht auf der Linie unserer Fragestellung und ist darum unbefriedigend. Man möchte die Augen auch vor neuen Realitäten schließen. Aber die Zukunft nagt Tag für Tag an unserer Vergangenheit. In etwa zwölf Jahren werden die ersten Menschen auf dem Mars landen. Findet sich dort ein einziges, uraltes, längst verlassenes Bauwerk, findet sich ein einziger, auf frühere Intelligenzen hindeutender Gegenstand, gibt es eine noch erkennbare Felszeichnung, dann werden diese Funde unsere Religionen fragwürdig machen und unsere Vergangenheit durcheinanderwirbeln. Eine einzige solche Entdeckung wird die größte Revolution und Reformation in der Menschheitsgeschichte bewirken.

Wäre es angesichts der unausweichlichen Konfrontation mit der Zukunft nicht klüger, sich mit neuen, fantasievollen Gedanken unserer Vergangenheit zu erinnern? Weit davon entfernt, ungläubig zu sein, können wir es uns nicht mehr leisten, leichtgläubig zu sein. Jede Religion hat die Skizze ihres Gottes; sie ist gehalten, im Bezirk dieser Skizze zu denken und zu glauben. Derweil kommt mit dem Raumzeitalter der *geistige* Jüngste Tag immer näher auf uns zu. Die theologischen Wolken werden sich verflüchtigen, werden wie Nebelfetzen zerrissen. Mit dem entscheidenden Schritt in den Kosmos werden wir erkennen müssen, dass es nicht zwei Millionen Götter, nicht 20 000 Sekten oder zehn große Religionen gibt, sondern nur eine einzige.

Bauen wir aber an unserer Hypothese der utopischen Vergangenheit der Menschheit weiter! Bis zu diesem Moment sähe es so aus:

Vor grauen, noch unbestimmbaren Zeiten entdeckte ein fremdes Raumschiff unseren Planeten. Die Besatzung des Raumschiffes ermittelte sehr bald, dass die Erde alle Voraussetzungen für das Entstehen intelligenten Lebens besaß. Freilich war der damalige »Mensch« noch kein *homo sapiens,* sondern irgendetwas anderes … Die fremden Raumfahrer befruchteten künstlich einige weibliche Exemplare dieser Wesen, versetzten sie – wie alte Legenden berichten – in Tiefschlaf und reisten wieder ab. Jahrtausende später kehrten die Raumfahrer zurück und fanden vereinzelte Exemplare der Gattung *homo sapiens* vor. Sie wiederholten die Veredelung einige Male, bis schließlich ein Wesen von einer Intelligenz entstanden war, dem man Gesellschaftsregeln beibringen konnte. Immer noch waren die Menschen jener Zeit barbarisch. Weil die Gefahr bestand, dass sie sich zurückentwickelten und wieder mit Tieren paaren würden, vernichteten die Raumfahrer die misslungenen Exemplare, oder sie nahmen sie mit, um sie auf anderen Kontinenten anzusiedeln. Es entstanden erste Gemeinschaften und erste Fertigkeiten; Fels- und Höhlenwände wurden bemalt, die Töpferei wurde erfunden und erste Versuche der Baukunst gelangen.

Diese ersten Menschen haben einen unheimlichen Respekt vor den fremden Raumfahrern. Da sie von irgendwoher kommen und dann irgendwohin entschwinden, werden es für sie die »Götter«. Aus einem unerfindlichen Grund sind die »Götter« daran interessiert, Intelligenz weiterzugeben. Sie behüten ihre Züchtungen, sie möchten sie vor Verderben schützen und das Böse fernhalten. Sie möchten eine positive Entwicklung ihrer Gemeinwesen erzwingen. Missgeburten löschten sie aus und trugen Sorge, dass der Rest die Voraussetzungen für eine entwicklungsfähige Gesellschaft bekam.

Zugegeben, die Spekulation ist noch ein Gespinst, das viele Löcher aufweist. »Es fehlen die Beweise«, wird man uns sagen. Die Zukunft wird zeigen, wie viele dieser Löcher gestopft werden können. Dies Buch zeigt eine Hypothese aus vielen Spekulationen auf, sie muss deshalb keineswegs »wahr« sein. Doch im Vergleich zu den Theorien, von denen manche Religionen im Schutze ihrer Tabus unangefochten leben, möchten wir auch unserer Hypothese einen minimalen Prozentsatz von Wahrscheinlichkeit zumuten.

Vielleicht tut es gut, ein simples Wort über die »Wahrheit« zu sagen. Der unangefochtene Gläubige einer Religion ist überzeugt, dass er die »Wahrheit« hat. Das gilt nicht nur für den Christenmenschen, das gilt gleichermaßen für die Mitglieder anderer großer oder kleiner Religionsgemeinschaften. Theosophen, Theologen und Philosophen haben über ihre Lehre nachgedacht, über ihren Meister und seine Lehre; sie sind überzeugt, die »Wahrheit« gefunden zu haben. Selbstverständlich hat jede Religion ihre Geschichte, ihre gemäßen Versprechungen von Gott, sie hat ihre Abmachung mit Gott, dessen Propheten und deren weise Lehrer, die gesagt haben … Die Beweise der »Wahrheit« gehen immer vom Zentrum der eigenen Religion aus. Das Ergebnis ist ein befangenes Denken, in dem wir von Kindheit an zu denken und zu glauben erzogen wurden; immerhin lebten und leben Generationen in der Überzeugung, dass sie die »Wahrheit« haben.

Etwas bescheidener meinen wir, dass man die »Wahrheit« nicht haben kann. Man kann bestenfalls an sie glauben. Wer wirklich *die* Wahrheit sucht, kann und darf sie nicht nur unter den Vorzeichen und im Raum seiner eigenen Religion suchen. Wäre da nicht Unehrlichkeit Taufpate für eine Sache mit größtem Anspruch? Was endlich ist Zweck und Ziel des Lebens? Die »Wahrheit« zu glauben oder sie zu suchen? Mögen auch im Zweistromland Tatsachen des Alten Testaments archäologisch bewiesen werden, dann sind diese belegten Tatsachen immer noch keine Beweise für die »Wahrheit« der betreffenden. Werden irgendwo uralte Städte, Dörfer, Brunnen oder Schriften ausgegraben, dann zeigen diese Funde, dass die Geschichte jenes Volkes echt ist. Nicht bewiesen ist damit, dass auch der Gott des betreffenden Volkes der einzige Gott (und kein Raumfahrer) gewesen ist.

In aller Welt beweisen heute Ausgrabungen, dass Überlieferungen den Tatsachen entsprechen. Würde es aber beispielsweise auch nur einem Christen einfallen, sich durch Ausgrabungen in Peru bewegen zu lassen, auch den Gott der prä-inkaischen Kultur als den echten Gott anzuerkennen? Wir meinen ganz schlicht, dass alles Mythos oder erlebte Geschichte eines Volkes ist. Mehr nicht. Aber das ist, meinen wir, sehr viel.

Wer also wirklich Wahrheit sucht, kann nicht nur deswegen neue und kühne und noch nicht bewiesene Aspekte ablehnen, weil sie nicht in sein Denk- (oder Glaubens-) Schema passen. Da sich vor 100 Jahren die Frage der Raumfahrt nicht gestellt hat, konnten sich unsere Väter und Großväter füglich keine Gedanken darüber machen, ob unsere Vorfahren Besuch aus dem Weltall hatten. Unterstellen wir einmal die fürchterliche, aber leider mögliche Idee, unsere heutige Zivilisation würde durch einen H-Bomben-Krieg total vernichtet. 5000 Jahre später würden dann Archäologen Bruchstücke der Freiheitsstatue von New York finden. Nach dem heutigen Denkschema müssten die Zukunftsarchäologen behaupten, es handle sich um eine unbekannte Gottheit – wahrscheinlich um eine Gottheit des Feuers (der Fackel wegen) oder um eine Gottheit der Sonne (wegen der Strahlen um den Kopf der Statue). Dass es sich um eine ganz simple Sache, nämlich um eine Freiheitsstatue handeln könnte, dürfte man – bliebe man beim heutigen Denkschema – gar nicht auszusprechen wagen.

Es ist nicht mehr möglich, mit Glaubenssätzen die Wege in die Vergangenheit zu blockieren.

Wenn wir uns auf die beschwerliche Suche nach der Wahrheit machen wollen, müssen wir allen Mut aufbringen, die Geleise, in denen wir bisher dachten, zu verlassen und zunächst alles, was wir als richtig und wahr hinnahmen, in Zweifel zu ziehen. Können wir es uns denn noch leisten, die Augen zu schließen und die Ohren zu verstopfen, weil neue Gedanken ketzerisch und unvernünftig sein sollen?

Der Gedanke an eine Landung auf dem Mond war vor 50 Jahren übrigens durchaus unvernünftig.

KAPITEL VI

Hatten alle Chronisten die gleiche spleenige Fantasie? – Und immer wieder »Himmelswagen« – H-Explosionen im Altertum? – Wie entdeckte man Planeten ohne Teleskope? – Der kuriose Siriuskalender – Im Norden nichts Neues – Wo blieben die alten Bücher? – Erinnerungen an uns für das Jahr 6965 – Was bleibt von uns nach einer totalen Zerstörung?

Nach unseren bisherigen Notizen und Betrachtungen gab es im Altertum Dinge, die es nach landläufigen Vorstellungen nicht hätte geben dürfen. Unser Sammlerfleiß ist aber mit den angehäuften Funden keineswegs am Ende.

Da wird doch auch in der Mythologie der Eskimos behauptet, die ersten Stämme seien von »Göttern« mit ehernen Flügeln in den Norden getragen worden! Die ältesten Indianersagen wissen von einem Thunderbird (Donnervogel), der ihnen das Feuer und die Frucht gebracht hat. Schließlich berichtet die Mythologie der Mayas, das *Popol Vuh,* die »Götter« hätten alles erkennen können: das All, die vier Richtungen des Horizonts und sogar das runde Antlitz der Erde.

Was fantasieren die Eskimos von metallenen Vögeln? Warum berichten die Indianer von einem Donnervogel? Woher sollen denn die Vorfahren der Mayas gewusst haben, dass die Erde rund ist?

Die Mayas waren klug, sie hatten eine hoch entwickelte Kultur. Sie hinterließen nicht nur einen sagenhaften Kalender, sie vermachten uns auch unglaubliche Rechnungen. Sie kannten das Venusjahr mit 584 Tagen und gaben die Dauer des Erdenjahres mit 365,2420 Tagen an. (Genaue Berechnung heute: 365,2422!) Die Mayas hinterließen uns Rechnungen bis zu 64 Millionen Jahren. Neuere Inschriften beschäftigen sich sogar mit Einheiten, die wahrscheinlich auf 400 Millionen Jahre kommen. Die berühmte Venusgleichung könnte plausiblerweise von einem Elektronengehirn errechnet worden sein. Schwer allerdings, zu begreifen, dass sie von einem Dschungelvolk stammen soll! Die Venusgleichung der Mayas sieht so aus:

Das Tzolkin hat 260, das Erdenjahr 365 und das Venusjahr 584 Tage. In diesen Ziffern steckt eine verblüffende Divisionsmöglichkeit: 365 ist fünfmal, 584 ist achtmal durch 73 teilbar. Die unglaubliche Formel präsentiert sich so:

(Mond) $20 \times 13 \times 2 \times 73 = 260 \times 2 \times 73 = 37\,960$
(Sonne) $8 \times 13 \times 5 \times 73 = 104 \times 5 \times 73 = 37\,960$
(Venus) $5 \times 13 \times 8 \times 73 = 65 \times 8 \times 73 = 37\,960$

Nach 37 960 Tagen fallen also alle Zyklen zusammen. Die Mythologie behauptete, dass dann die »Götter« zum großen Rastplatz kommen würden.

Die prä-inkaischen Völker überlieferten in ihren Göttersagen, dass die Sterne bewohnt seien und dass die »Götter« aus dem Sternbild der Pleïaden zu ihnen herniederkamen. Immer wieder geben sumerische, assyrische, babylonische und ägyptische Keilschrifttexte dieses gleiche Bild: »Götter« kamen von Sternen und kehrten zu ihnen zurück, sie fuhren mit Feuerschiffen oder Barken am Himmel, besaßen unheimliche Waffen und versprachen einzelnen Menschen die Unsterblichkeit.

Es ist vollkommen verständlich, dass die alten Völker ihre Götter am Himmel suchten und auch, dass sie ihrer Fantasie die Zügel schießen ließen, um die Herrlichkeit dieser unbegreiflichen Erscheinungen prächtig zu schildern. All dies akzeptiert, bleiben doch zu viele Ungereimtheiten.

Woher, beispielsweise, soll der Chronist des *Mahabharata* gewusst haben, dass es eine Waffe geben kann, die imstande ist, ein Land mit zwölf Jahren Dürre zu bestrafen? Die mächtig genug ist, auch noch die Ungeborenen im Mutterleib zu töten? Dieses altindische Epos *Mahabharata* ist umfangreicher als die *Bibel* und selbst bei vorsichtiger Schätzung im Kern mindestens 5000 Jahre alt. Es lohnt durchaus, mit neuen Brillen in diesem Epos zu lesen.

Wir können uns kaum noch wundern, wenn wir im *Ramajana* erfahren, dass Vimanas, nämlich fliegende Maschinen, mithilfe von Quecksilber und einem großen Antriebswind in großen Höhen navigiert haben. Die Vimanas konnten unendliche Entfernungen zurücklegen, von unten nach oben, von oben nach unten und von hinten nach vorn fahren. Beneidenswert steuerbare Raumfahrzeuge! Unser Zitat stammt aus der Übersetzung von N. Dutt (England, 1891):

»Auf Ramas Befehl stieg der herrliche Wagen mit gewaltigem Getöse zu einem Wolkenberg empor …«

Wir wollen nicht überlesen, dass erneut nicht nur von einem fliegenden Objekt die Rede ist, sondern dass der Chronist wiederum von einem gewaltigen Getöse spricht. Eine andere Stelle aus dem *Mahabharata*:

»Bhima flog mit seiner Vimana auf einem ungeheuren Strahl, der den Glanz der Sonne hatte und dessen Lärm wie das Donnern eines Gewitters war.« (C. Roy, 1889)

Auch die Fantasie braucht Ansätze. Wie kann der Chronist Schilderungen geben, die immerhin eine Vorstellung von Raketen voraussetzt und auch das Wissen, dass so ein Fahrzeug auf einem Strahl reiten kann und einen erschreckenden Donner verursacht?

Im *Samsaptakabadha* werden Unterschiede zwischen Wagen, die fliegen, und solchen, die es nicht können, gemacht. Das erste Buch des *Mahabharata* verrät die intime Geschichte der unverheirateten Kunti, die nicht nur den Besuch des Sonnengottes, sondern anschließend auch einen Sohn bekam, der leuchtend wie die Sonne selbst gewesen sein soll. Da Kunti sich – damals schon! – fürchtete, in Schande zu geraten, legte sie das Kind in ein Körbchen und setzte es auf einem Fluss aus. Adhirata, ein braver Mann aus der Suta-Kaste, fischte Körbchen und Kindchen aus dem Wasser und zog Letzteres auf.

Wahrhaftig eine kaum erwähnenswerte Geschichte, wenn sie nicht eine so unübersehbare Ähnlichkeit mit der Geschichte Moses hätte! Und immer wieder taucht hartnäckig der Hinweis auf die Befruchtung des Menschen durch die »Götter« auf. Ähnlich wie Gilgamesch, unternimmt Arjuna, der Held des *Mahabharata*, eine weite Reise, um die Götter zu suchen und Waffen von ihnen zu erbitten. Und als Arjuna nach vielen Gefahren die Götter gefunden hat, begegnet ihm sogar Indra, der Herr des Himmels, höchstpersönlich, an der Seite seiner Gemahlin Sachi. Beide begegnen dem tapferen Arjuna nicht irgendwo, nein, sie begegnen ihm in einem himmlischen Streitwagen, und sie laden ihn sogar ein, mit in den Himmel zu fahren.

Im *Mahabharata* finden sich so genaue Zahlenangaben, dass man den Eindruck gewinnt, dass der Autor ganz präzise gewusst hat, was er schrieb. Er schildert voll Entsetzen eine Waffe, die alle Krieger töten konnte, die Metall am Körper trugen: Erfuhren die Krieger rechtzeitig genug vom Einsatz dieser Waffe, dann rissen sie sich alle Metallstücke, die sie trugen, vom Leibe, sprangen in die Flüsse, wuschen sich und alles, was sie berührt hatten, gründlich ab. Nicht ohne Grund, wie der Autor weiß, denn die Waffe bewirkte, dass Haare und Nägel an Händen und Füßen abfielen. Alles Lebendige, klagt er, wurde blass und schwach.

Im 8. Buch treffen wir Indra in seinem himmlischen Strahlenwagen wieder: Unter allen Menschen hat er Judhisthira ausgewählt, der als Einziger in seiner sterblichen Hülle den Himmel betreten darf. Die Parallele zu den Berichten über Henoch und Elias ist auch hier nicht zu übersehen.

Im gleichen Buch steht (der vielleicht erste Bericht über einen H-Bomben-Abwurf), dass Gurkha von Bord einer mächtigen Vimana ein einziges Geschoss auf die dreifache Stadt schleuderte. Der Bericht benutzt Vokabeln, wie wir sie aus Augenzeugenberichten von der Zündung der ersten Wasserstoffbombe auf dem Bikini-Atoll in Erinnerung haben: Weißglühender Rauch, 10 000 Mal heller als die Sonne, habe sich in unendlichem Glanz erhoben und die Stadt in Asche gelegt. Als Gurkha wieder gelandet sei, habe sein Fahrzeug einem leuchtenden Block Antimonium geglichen. Und für die Philosophen sei festgehalten, dass das *Mahabharata* sagt, die Zeit sei der Same des Universums …

Auch die tibetanischen Bücher *Tantjua* und *Kantjua* erwähnen vorgeschichtliche Flugmaschinen, die sie »Perlen am Himmel« nennen. Beide Bücher betonen ausdrücklich, dass dieses Wissen geheim und nicht für die Öffentlichkeit bestimmt sei. Im *Samarangana Sutradhara* gibt es ganze Kapitel über Luftschiffe, aus deren Ende Feuer und Quecksilber sprühten.

Das Wort »Feuer« in alten Schriften muss kein brennendes Feuer meinen, denn, zusammengenommen, lassen sich etwa 40 verschiedene Arten von »Feuer« aufzählen, die sich vorwiegend auf elektrische und magnetische Phänomene beziehen. Uns fällt es schwer, zu glauben, dass die alten Völker gewusst haben sollen, wie und dass man aus schweren Metallen Energie gewinnen kann. Man darf es sich auch nicht so einfach machen und die alten Sanskrittexte einfach als Mythen abtun! Die Vielzahl der hier bereits exzerpierten Stellen aus alten Schriften lässt die Vermutung fast zur Gewissheit werden, dass man im Altertum fliegenden »Göttern« begegnet ist. Mit der alten, bisher leider bewährten Methode »… Das gibt es nicht … das sind Fehler in der Übersetzung … das sind fantasievolle Übertreibungen der Autoren oder Kopisten« kommen wir nicht mehr weiter. Mit einem neuen Denkschema, nämlich dem aus den technischen Kenntnissen unseres Zeitalters entwickelten, müssen wir das Dickicht, hinter dem unsere

Vergangenheit verborgen liegt, lichten. Wie das Phänomen der Raumschiffe in grauer Vorzeit zu klären ist, bleibt auch das Phänomen der so oft geschilderten grauenhaften Waffen, von denen die Götter jeweils mindestens einmal Gebrauch machten, plausibler Deutung offen. Texte aus dem *Mahabharata* zwingen zum Nachdenken:

»Es war, als seien die Elemente losgelassen. Die Sonne drehte sich im Kreise. Von der Glut der Waffe versengt, taumelte die Welt in Fieber. Elefanten waren von der Hitze angebrannt und rannten wild hin und her, um Schutz vor der entsetzlichen Gewalt zu finden. Das Wasser wurde heiß, die Tiere starben, der Feind wurde niedergemäht, und das Toben des Feuers ließ die Bäume wie bei einem Waldbrand reihenweise stürzen. Die Elefanten brüllten entsetzlich und sanken in weitem Umkreis tot zu Boden. Die Pferde und Streitwagen verbrannten, und es sah so aus wie nach einem Brand. Tausende von Wagen wurden vernichtet, dann senkte sich tiefe Stille über das Meer. Die Winde begannen zu wehen, und die Erde hellte sich auf. Es bot sich ein schauerlicher Anblick. Die Leichen der Gefallenen waren von der fürchterlichen Hitze verstümmelt, dass sie nicht mehr wie Menschen aussahen. Niemals zuvor haben wir eine so grauenhafte Waffe gesehen, und niemals zuvor haben wir von einer solchen Waffe gehört.« (C. Roy, Drona Parva, 1889)

Die, die noch einmal davonkamen, wird weiter berichtet, badeten sich, ihre Rüstungen und ihre Waffen, weil alles vom tödlichen Hauch der »Götter« belegt war. Wie hieß es im *Gilgamesch-Epos*? »Hat der giftige Hauch des Himmelstieres dich vielleicht getroffen?«

Alberto Tulli, ehemals Leiter der ägyptischen Abteilung des Vatikanischen Museums, fand ein Fragment aus der Zeit von Tuthmosis III., der etwa 1500 vor Christus lebte. Darin wird überliefert, dass die Schriftgelehrten einen Feuerball am Himmel daherkommen sahen, dessen Atem von üblem Geruch war; Tuthmosis und seine Soldaten beobachteten dieses Schauspiel, bis der Feuerball in südlicher Richtung aufstieg und den Blicken entschwand.

Alle zitierten Texte stammen aus Jahrtausenden vor unserer Zeitrechnung. Die Autoren lebten auf anderen Kontinenten und in verschiedenen Kulturen und Religionen. Nachrichtenträger gab es noch nicht, interkontinentale Reisen waren nicht an der Tagesordnung. Trotzdem kommen Überlieferungen aus allen vier Himmelsrichtungen und aus ungezählten Quellen, die nahezu Gleiches zu berichten wissen. Saß in den Hirnen der Autoren die gleiche Fantasie? Wurden sie alle auf die gleiche Weise, schier manisch, von den gleichen Phänomenen verfolgt? Unmöglich und undenkbar, dass die Chronisten des *Ma-*

habharata, der *Bibel*, des *Gilgamesch-Epos*, der Schriften der Eskimos, der Indianer, der nordischen Völker, der Tibetaner und vieler, vieler anderer Quellen zufällig und grundlos die gleichen Geschichten von fliegenden »Göttern«, von seltsamen Himmelsfahrzeugen und mit diesen Erscheinungen verbundenen furchtbaren Katastrophen berichten. Keine Fantasie kann derart rund um die Welt am Werk sein. Die fast uniformen Berichte können nur von Tatsachen, also von vorgeschichtlichen Ereignissen herkommen: Es wurde berichtet, was zu sehen gewesen war. Mag – und darin wird sich kaum etwas geändert haben – der Reporter in grauer Vorzeit seine Berichte fantasievoll aufgeblasen haben, dann bleibt im Zentrum aller Exklusivberichte – wie heute – die Tatsache, das präzise dargestellte Ereignis. Und das kann wohl nicht an so vielen Orten zu verschiedenen Zeiten erfunden worden sein.

Konstruieren wir ein Beispiel:

Im afrikanischen Busch landet zum ersten Mal ein Helikopter. Kein Eingeborener hat je eine solche Maschine gesehen. Mit unheimlichem Getöse landet der Helikopter in einer Lichtung, Piloten in Kampfanzügen, mit Sturzhelmen und Maschinengewehren springen heraus. Der Wilde in seinem Lendenschurz steht benommen und fassungslos vor diesem Ding, das vom Himmel herniederkam, und vor den ihm unbekannten »Göttern«. Nach einer gewissen Zeit erhebt sich der Helikopter wieder und entschwindet in den Lüften.

Wieder allein, muss der Wilde mit dieser Erscheinung fertig werden. Er wird anderen, die nicht zugegen waren, erzählen, was er sah: einen Vogel, ein Himmelsgefährt, das lärmte und stank – Wesen, die weiße Haut hatten – die Waffen trugen, die Feuer spien … Der wunderbare Besuch wird für alle Zeiten festgehalten und überliefert. Wenn der Vater seinem Sohn erzählt, wird der Himmelsvogel freilich nicht kleiner und die Wesen, die ihm entstiegen, werden immer merkwürdiger, großartiger und mächtiger. Dies und vieles mehr wird hinzugedichtet werden. Voraussetzung für die herrliche Geschichte aber war die effektive Landung des Helikopters: Der Helikopter landete in der Lichtung im Busch, und die Piloten waren aus ihm herausgeklettert. Fortan existiert das Ereignis in der Mythologie des Stammes weiter.

Gewisse Dinge lassen sich nicht erfinden. Wir würden auch unsere Vorgeschichte nicht nach Raumfahrern und Himmelsflugzeugen durchstöbern, wenn nur in zwei oder drei alten Büchern von solchen Erscheinungen erzählt würde. Wenn aber in der Tat nahezu alle Texte der Urvölker rund um den Erdball dasselbe erzählen, dann müssen wir doch die darin versteckten objektiven Wahrheiten zu erklären versuchen.

»Menschensohn, du wohnst inmitten des widerspenstigen Geschlechts, das Augen hat zu sehen und doch nichts sieht, und Ohren hat zu hören und doch nichts hört …« (Hesekiel 12, 1)

Wir wissen, dass alle sumerischen Götter in bestimmten Sternen ihre Entsprechung hatten. Marduk = Mars, der höchste der Götter, soll eine Statue von 800 Talenten Gewicht aus purem Gold gehabt haben; das entspräche, wenn man Herodot glaubt, einem Bildnis aus 24 000 Kilogramm reinem Gold. Ninurta = Sirius war der Richter des Alls, der die Entscheidungen über die sterblichen Menschen fällte. Es gibt Keilschrifttäfelchen, die an Mars, an Sirius und an die Pleïaden gerichtet waren. In sumerischen Hymnen und Gebeten werden immer wieder Götterwaffen erwähnt, die in Form und Wirkung für die damalige Zeit völlig unsinnig gewesen sein müssen. Ein Loblied auf Martu schildert, dass er Feuer regnen lasse und seine Feinde mit einem leuchtenden Blitz vernichte. Inanna wird geschildert, wie sie am Himmel aufgeht, schrecklichen, blendenden Glanz ausstrahlt und die Häuser des Feindes vernichtet. Es wurden Zeichnungen und sogar das Modell einer Wohnstätte gefunden, die einem vorfabrizierten Atombunker nicht unähnlich sind: rund, wuchtig und mit einer einzigen, merkwürdig umrahmten Öffnung. Aus derselben Epoche, etwa 3000 vor Christus, fanden Archäologen ein Gespann mit Wagen und Lenker, dazu zwei ringende Sportsleute, das Ganze in tadelloser, sauberer Verarbeitung. Die Sumerer, das ist erwiesen, beherrschten eine perfekte Handwerkskunst. Warum modellierten sie einen klobigen »Bunker«, da andere Ausgrabungen in Babylon oder Uruk viel differenziertere Werke ans Licht brachten? Erst vor geraumer Zeit wurde in der Stadt Nippur – 150 Kilometer südlich von Bagdad – eine ganze sumerische Bibliothek von etwa 60 000 beschriebenen Tontafeln gefunden. Eingeritzt in eine sechsspaltige Tafel besitzen wir nun die älteste Schilderung der Sintflut. Fünf vorsintflutliche Städte sind auf den Tafeln benannt: Eridu, Badtibira, Larak, Sitpar und Schuruppak. Zwei dieser Städte wurden bisher noch nicht gefunden. Auf diesen ältesten, bis heute entzifferten Tafeln heißt der Noah der Sumerer Ziusudra; er soll in Schuruppak gewohnt und dort auch seine Arche gebaut haben. Nun verfügen wir also über eine noch ältere Schilderung der Sintflut, als wir sie bisher im *Gilgamesch-Epos* besaßen. Niemand weiß, ob neue Funde nicht noch frühere Darstellungen bringen werden.

Die Menschen der alten Kulturen scheinen von der Idee der Unsterblichkeit oder der Wiedergeburt wie besessen gewesen zu sein. Diener und Sklaven legten sich offensichtlich freiwillig mit ihren Herren ins Grab: In der Grabkammer von Schub-At lagen nicht weniger als 70 Skelette in vollkommener Ordnung nebeneinander. Ohne das geringste Zeichen von Gewalt, erwarteten sie sitzend oder liegend in ihren farbenprächtigen Gewändern den Tod, der – vielleicht durch Gift – schnell und schmerzlos gekommen sein muss. Unerschütterlich davon überzeugt, werden sie ein neues Leben mit ihren Herren im Jenseits erhofft haben. Wer nur hat diesen heidnischen Völkern die Idee der Wiedergeburt in den Kopf gesetzt?

Nicht weniger verwirrend ist die Götterwelt der Ägypter. Auch die uralten Texte der Völker am Nil wissen von mächtigen Wesen, die mit Barken am Firmament entlangziehen. Ein Keilschrifttext an den Sonnengott Re lautet:

»Du mischest dich unter Sterne und Mond, du ziehst das Schiff des Aton im Himmel und auf Erden wie die unermüdlich umlaufenden Sterne und die am Nordpol nicht untergehenden Sterne.«

Hier eine Pyramideninschrift:

»Du bist der, welcher an der Spitze steht des Sonnenschiffes von Millionen von Jahren.«

Wenn auch die alten Ägypter Zahlenkünstler von hohen Graden waren, bleibt es doch immerhin seltsam, dass sie in Zusammenhang mit den Sternen und einem Himmelsschiff von Millionen von Jahren sprechen. Wie sagt das *Mahabharata*? »Die Zeit ist der Same des Universums.«

In Memphis überreichte der Urgott Ptah dem König zwei Modelle für das Begehen seiner Regierungsjubiläen mit der Aufforderung, diese Jubiläen sechs Mal 100 000 Jahre lang zu feiern. Muss man noch erwähnen, dass der Urgott Ptah, ehe er dem König die Modelle gab, in einem glänzenden Himmelswagen von Elektron und Aton erschien und danach mit ihm am Horizont wieder entschwand? – In Edfu findet man heute noch über Türen und Tempeln Darstellungen der geflügelten Sonne oder eines schwebenden Falken, der die Schriftzeichen der Ewigkeit und des ewigen Lebens trägt. An keinem bisher bekannten Ort der Erde sind so unzählige Darstellungen von Göttersymbolen mit Flügeln erhalten wie in Ägypten.

Jeder Tourist kennt die Insel Elefantine mit dem berühmten Nilometer in Assuan. Schon in ältesten Schriften heißt die Insel Elefantine, weil sie das Aussehen eines Elefanten habe. Das stimmt: Die Insel sieht aus wie ein Elefant. Aber woher wussten das die alten Ägypter, da man diese Form nur aus großer Höhe aus einem Flugzeug erkennen kann? Es gibt nämlich keinen Hügel, der einen zum Vergleich reizenden Blick über die Insel böte!

Eine auch erst vor geraumer Zeit entdeckte Inschrift an einem Bau in Edfu meldet, dass dieser Bau überirdischen Ursprungs sei: Der Grundriss sei von dem vergöttlichten Wesen Im-Hotep gezeichnet worden. Dieser Im-Hotep nun ist eine sehr geheimnisvolle und kluge Persönlichkeit – der Einstein seiner Zeit. Er war Priester, Schriftsteller, Arzt, Architekt und Weiser in einer Person. In dieser alten Welt, der Zeit des Im-Hotep, gestehen die Archäologen den Menschen als Werkzeuge zur Steinbearbeitung lediglich Holzkeile und Kupfer zu – weder das eine noch das andere ist zum Zersägen von Granitblöcken geeignet. Der kluge Im-Hotep aber baut seinem König Djoser die Stufenpyramide von Sakkara! Dieses 60 Meter hohe Bauwerk ist von einer Meisterschaft, die später nur noch unvollkommen nachgeahmt werden kann. Dieses von einer zehn Meter hohen und 1600 Meter langen Mauer umgebene Bauwerk nannte Im-Hotep das »Haus der Ewigkeit«; er ließ sich selbst darin begraben, damit die Götter ihn bei ihrer Rückkehr wecken konnten.

Wir wissen, dass alle Pyramiden nach astronomischen Gesichtspunkten ausgerichtet sind. Wirkt dieses Wissen nicht ein bisschen peinlich angesichts des Umstandes, dass von einer altägyptischen Astronomie so gut wie nichts bekannt ist? Der Sirius war einer der wenigen Sterne, um den sie sich kümmerten. Aber gerade das Interesse am Sirius mutet ziemlich komisch an, denn von Memphis aus gesehen ist der Sirius nur bei Beginn der Nilschwemme knapp über dem Horizont im morgendlichen Dämmerlicht zu beobachten. Um das Maß der Verwirrung vollzumachen, findet sich in Ägypten ein genauer Kalender – 4221 Jahre vor unserer Zeitrechnung! Dieser Kalender richtet sich nach dem Siriusaufgang (Erster Tout = 19. Juli) und gibt Jahreszyklen von über 32 000 Jahren an.

Zugegeben, den alten Astronomen mangelte es nicht an Zeit, die Sonne, den Mond, die Gestirne zu beobachten, jahrein, jahraus, sodass sie schließlich ausmachten, dass nach ungefähr 365 Tagen alle Gestirne wieder am gleichen Ort stehen. Ist es aber nicht völlig widersinnig, sich den ersten Kalender ausgerechnet vom Sirius abzuleiten, da man es mit Sonne und Mond leichter hatte und auch zu genaueren Ergebnissen kommen konnte? Vermutlich war überhaupt der Siriuskalender ein fiktives Gebilde, eine Wahrscheinlichkeitsrechnung, weil er ja nie das Auftauchen des Sterns voraussagen konnte: Die Nilschwemme und damit das Auftauchen des Sirius am morgendlichen Horizont waren reiner Zufall. Nicht jedes Jahr gab es eine Nilschwemme, und nicht jede Nilschwemme erfolgte am gleichen Tag. Warum also ein Siriuskalender? Gibt es auch hier wieder eine alte Überlieferung? Gab es eine Schrift oder ein Versprechen, die von der Priesterschaft sorgsam gehütet wurden?

Es ist vermutlich das Grab des Königs Udimus, in dem eine Halskette aus Gold und daran das Skelett eines vollkommen unbekannten Tieres gefunden wurden. Woher stammt das Tier? – Wie ist es zu erklären, dass die Ägypter bereits zu Beginn der ersten Dynastie das Dezimalsystem besitzen? – Wie entstand zu so früher Zeit eine so gut entwickelte Zivilisation? – Woher stammen schon zu Beginn der ägyptischen Kultur Gegenstände aus Bronze und Kupfer? – Wer gab ihnen die unglaublichen Kenntnisse der Mathematik und einer fertigen Schrift?

Ehe wir uns mit einigen Monumentalbauten, die zahllose Fragen aufwerfen, beschäftigen, nochmals ein kurzer Blick auf alte Schriften:

Woher nahmen die Erzähler der Märchen von Tausendundeiner Nacht ihren verblüffenden Einfallsreichtum? Wie kam man zu der Beschreibung einer Lampe, aus der auf Wunsch ein Zauberer sprach?

Welch kühne Fantasie erfand das »Sesam, öffne dich!«, in dem sich Ali Baba mit seinen Räubern versteckte?

Heute freilich verblüffen uns solche Ideen nicht mehr, seit das Fernsehgerät uns mit einem Knopfdruck sprechende Bilder liefert. Und seit sich in jedem größeren Warenhaus die Türen durch Fotozellen öffnen, birgt auch das »Sesam, öffne dich!« keine besonderen Rätsel mehr. Die Vorstellungskraft der alten Erzähler allerdings muss so unvorstellbar gewesen sein, dass unsere zeitgenössischen Autoren von utopischen Romanen dagegen recht stümperhafte Arbeiten liefern. Es sei denn, die alten Erzähler hätten ihnen zum Teil schon Bekanntes, Gesehenes, Erlebtes für die Initialzündung ihrer Fantasie parat gehabt!

In der Sagen- und Legendenwelt nicht greifbarer Kulturen, die uns noch keine fixen Anhaltspunkte bieten, beginnt der Boden vollends zu schwanken, es wird noch verwirrender.

Die isländischen und altnorwegischen Überlieferungen wissen selbstverständlich von »Göttern«, die am Himmel fahren. Die Göttin Frigg hat eine Dienerin mit Namen Gna. Mit einem Ross, das sich in der Luft über Land und Meer erhebt, schickt die Göttin ihre Dienerin in verschiedene Welten. Das Ross hieß »Hufwerfer«, und einmal, weiß die Sage, begegnete Gna hoch in den Lüften einigen fremdartigen Wanen. – Im Alwislied werden für die Erde, die Sonne, den Mond und das Weltall verschiedene Namen gegeben, und zwar werden sie jeweils aus der Sicht des Menschen, der »Götter«, der Riesen und der Asen anders benannt. Wie, um Himmels willen, konnte man in grauester Vorzeit zu verschiedenen Anschauungen von ein und demselben Ding kommen, da doch der Horizont sehr beschränkt war?

Wenn auch der Gelehrte Sturluson die nordischen und altgermanischen Veden, Sagen und Lieder erst etwa 1200 nach Christus aufgeschrieben hat, so sind sie doch einige tausend Jahre alt. Sehr oft wird in diesen Niederschriften das Weltsymbol als Scheibe oder Kugel beschrieben – merkwürdig genug –, und Thor, der oberste der Götter, wird immer mit einem Hammer, dem Zermalmer, gezeigt. Professor Kühn vertritt die Ansicht, dass das Wort Hammer »Stein« bedeutet, aus der Steinzeit stammt und erst später auf Bronze- oder Eisenhammer übernommen worden ist. Demnach müssten Thor und sein Hammersymbol sehr alt sein und wahrscheinlich bis in die Steinzeit zurückreichen. Übrigens heißt das Wort Thor in den indischen Veden (Sanskrit) »Tanayitnu«; man könnte es sinngemäß etwa mit »der Donnernde« übersetzen. Der nordische Thor, Gott der Götter, ist Herr der germanischen Wanen, die den Luftraum unsicher machen.

In einer Diskussion über die völlig neuen Aspekte, die wir in die Vergangenheitsforschung tragen, mag der Einwand kommen, man könne doch nicht alles und jedes, das in der Überlieferung auf Himmelserscheinungen hindeute, zu einer Sequenz von Beweisen für eine vorzeitliche Raumfahrt zusammentragen! Wir tun das gar nicht, wir weisen nur auf Passagen in uralten Schriften hin, die im bislang angewandten Denkmodell keinen Platz haben. Wir bohren mit unseren Fragen an jenen freilich unangenehmen Stellen, an denen weder Schreiber noch Übersetzer noch Kopisten eine Ahnung von den Wissenschaften und den daraus resultierenden Vorgängen haben konnten. Wir sind sofort bereit, die Übersetzungen für falsch und die Abschriften für zu wenig genau zu halten – wenn man nicht zu gleicher Zeit diese falschen, fantasievoll ausgeschmückten Überlieferungen vollwertig akzeptiert, sobald sie sich in den Rahmen irgendeiner Religion einfügen lassen. Es ist eines Forschers unwürdig, zu negieren, wo es sein Denkmodell stört, und anzuerkennen, wo es seine Thesen stützt. Mit welcher Kraft und Gestalt würden sich erst unsere Thesen darstellen, wenn Neuübersetzungen mit »Weltraumaugen« vorlägen!

Am Toten Meer fanden sich, um beharrlich die Kette unserer Thesen weiterzuschmieden, neuerlich Schriftrollen mit Fragmenten apokalyptischer und liturgischer Texte. Wieder ist in der Abraham- und auch der Moses-Apokryphe von einem Himmelswagen mit Rädern, der Feuer speit, die Rede, während ähnliche Hinweise im äthiopischen oder slawischen Henoch-Buch fehlen. »Hinter den Wesen sah ich einen

Wagen, der Feuerräder hatte, und jedes Rad war voll Augen ringsum, und auf den Rädern war ein Thron, und dieser war bedeckt durch Feuer, das rings um ihn floss.« (Abraham-Apokryphe 18, 11/12)

Der Auslegung von Professor Scholem folgend, entsprach die Thron- und Wagenwelt der jüdischen Mystiker etwa jener der hellenistischen und frühchristlichen Mystiker, die das Pleroma (= Lichtfülle) schildern. Das ist eine achtbare Auslegung, aber kann man sie als wissenschaftlich erwiesen hinnehmen? Dürfen wir schlicht fragen, was denn wäre, wenn wirklich einige Leute die immer wieder beschriebenen Feuerwagen gesehen hätten? In den Qumranrollen wurde sehr häufig eine Geheimschrift gebraucht; unter den Dokumenten der vierten Höhle wechselten in einem astrologischen Werk sogar verschiedene Schriftarten einander ab. Eine astronomische Beobachtung trägt den Titel: »Worte des Einsichtigen, die er an alle Söhne der Morgenröte gerichtet hat.«

Was eigentlich spricht so absolut und überzeugend dagegen, dass in den alten Texten reale Feuerwagen geschildert und gemeint waren? Doch nicht die ebenso platte wie vage Behauptung, dass es im Altertum keine Feuerwagen gegeben haben kann! Eine solche Antwort wäre jener, die wir mit unseren Fragen zu neuen Alternativen zwingen möchten, unwürdig. Schließlich ist es noch gar nicht so lange her, als von berufener Seite behauptet wurde, es könnten keine Steine (= Meteore) vom Himmel fallen, weil es im Himmel keine Steine gäbe … Noch Mathematiker des 19. Jahrhunderts kamen zu der – in ihrer Zeit überzeugenden – Berechnung, dass ein Eisenbahnzug nie schneller als 34 Stundenkilometer würde fahren können, weil sonst die Luft aus ihm herausgepresst würde und damit die Passagiere ersticken müssten. Vor nicht 100 Jahren wurde »belegt«, dass ein Gegenstand, der schwerer sei als die Luft, niemals werde fliegen können …

In der Kritik einer angesehenen Zeitung wird Walter Sullivans Buch *Signale aus dem All* der Science-Fiction-Literatur zugerechnet und festgestellt, dass es fraglos auch in fernster Zukunft unmöglich bleibe, etwa Epsilon-Eridani oder Tau-Ceti zu erreichen; auch die Wirkung der Zeitverschiebung oder gar des tiefgekühlten Winterschlafs der Astronauten könne die Barriere der unausdenkbaren Entfernungen niemals überwinden.

Wie gut, dass es in der Vergangenheit immer ausreichend kühne und der zeitgenössischen Kritik gegenüber taube Fantasten gab! Ohne sie gäbe es heute kein weltweites Eisenbahnnetz, dessen Züge 200 Kilometer und mehr Stundengeschwindigkeit fahren (Merke: über 34 Kilometer Stundengeschwindigkeit sterben die Mitreisenden!) … ohne sie gäbe es heute keine Düsenflugzeuge, weil die ja ohnehin runterfallen würden (Merke: Dinge, die schwerer sind als Luft, können nicht fliegen!) … und schließlich gäbe es keine Mondraketen (Merke: weil der Mensch seinen Planeten nicht verlassen kann!). Oh, es gäbe unendlich vieles nicht ohne die gepriesenen Fantasten!

Eine Fraktion von Forschern möchte bei den sogenannten Realitäten bleiben. Dabei vergisst sie allzu leicht und zu gern, dass das, was heute Realität ist, gestern noch ein utopischer Traum eines Fantasten gewesen sein kann. Ein nicht unerheblicher Teil all der epochalen Entdeckungen, mit denen unsere Zeit als Realitäten umgeht, verdanken wir glücklichen Zufällen, nicht einer Sequenz systematischer Forschungen. Und einige stehen im Hauptbuch »ernster Fantasten«, die mit ihren kühnen Spekulationen hemmende Voreingenommenheit überwanden. Dies aber ist gewiss: die Grenzen der künftigen Möglichkeiten werden täglich enger. Heinrich Schliemann nahm die Bücher Homers nicht nur als Märchen und Fabeln, und so entdeckte er Troja!

Noch wissen wir zu wenig über unsere Vergangenheit, um über sie definitive Urteile abgeben zu können! Neue Funde können unerhörte Geheimnisse enträtseln, die Lektüre uralter Berichte vermag ganze Welten von Realitäten auf den Kopf zu stellen. Dabei ist uns klar, dass mehr alte Bücher zerstört als erhalten sind. In Südamerika soll es eine Schrift gegeben haben, die alle Wissenschaft des Altertums beinhaltete; durch den 63. Inkaherrscher Pachacuti IV. soll sie zerstört worden sein. In der Bibliothek von Alexandria bargen 500 000 Bände des Gelehrten Ptolomäus Soter alle Überlieferungen der Menschheit; die Bibliothek wurde zum Teil durch die Römer vernichtet, den Rest ließ – Jahrhunderte später – der Kalif Omar verbrennen. Unvorstellbarer Gedanke, dass unersetzliche, kostbarste Manuskripte zum Heizen der öffentlichen Bäder von Alexandrien dienten!

Was wurde aus der Bibliothek des Tempels in Jerusalem? Was wurde aus der Bibliothek von Pergamon, die 200 000 Werke geführt haben soll? – Welche Schätze und Geheimnisse wurden mit den geschichtlichen, astronomischen und philosophischen Büchern auf Befehl des chinesischen Kaisers Chi-Huang im Jahre 214 vor unserer Zeit aus politischen Gründen zerstört? – Wie viele Texte ließ der geläuterte Paulus in Ephesus vernichten? – Und gar nicht auszudenken, welch ungeheurer Reichtum an Schrifttum aller Wissensgebiete uns durch religiösen Fanatismus verloren ging! Wie viele Tausende unwiederbringlicher Schriften ließen Mönche und Missionare in blindem, heiligem Eifer in Süd- und Zentralamerika verbrennen?

Das geschah vor Hunderten und Tausenden von Jahren. Ist die Menschheit klug daraus geworden? Vor wenigen Jahrzehnten ließ Hitler Bücher auf öffentlichen Plätzen verbrennen, und erst im Jahre 1966 geschah Gleiches in China durch die Kindergarten-Revolution Maos. Gottlob existieren Bücher heute nicht, wie in Vorzeiten, in nur einem Exemplar.

Die noch vorhandenen Texte und Fragmente übermitteln uns manche Kenntnisse aus der grauen Vorzeit. Zu allen Zeiten wussten die Weisen eines Volkes, dass jede Zukunft Kriege und Revolutionen, Blut und Feuer bringen würde. Haben diese Weisen aus diesem Wissen vielleicht in den Kolossalbauten ihrer Epoche Geheimnisse und Überlieferungen vor dem Pöbel versteckt oder an sicherem Ort vor einer möglichen Vernichtung bewahrt? Haben sie Mitteilungen oder Nachrichten in Pyramiden, Tempeln oder Statuen »versteckt« oder als Chiffren hinterlassen, damit sie die Stürme der Zeiten überstehen würden? Den Gedanken muss man wohl prüfen, denn weitsichtige Zeitgenossen unserer Tage verfuhren so – für die Zukunft.

Im Jahre 1965 versenkten die Amerikaner im Boden New Yorks zwei Zeitkapseln, die so beschaffen sind, dass sie bis zum Jahre 6965 alles aushalten können, was – auch bei kühnster Fantasie – diese Erde an Widerwärtigkeiten bieten kann. Diese Zeitkapseln enthalten Nachrichten, die wir der Nachwelt übermitteln wollen, damit einst jene, die sich bemühen, das Dunkel um die Vergangenheit ihrer Vorfahren zu erhellen, wissen, wie wir gelebt haben. Die Kapseln sind aus einem Metall geschmolzen, das härter ist als Stahl; sie können sogar eine Atomexplosion unbeschädigt überstehen. Außer »Nachrichten vom Tage« gab man in die Kapseln auch Fotografien von Städten, Schiffen, Automobilen, Flugzeugen und Raketen; sie bergen Muster von Metallen und Plastik, von Tüchern, Fasern und Geweben; sie übermitteln der Nachwelt Gegenstände des täglichen Bedarfs wie Münzen, Werkzeuge und Toilettenartikel; Bücher über Mathematik, Medizin, Physik, Biologie und Astronautik sind auf Mikrofilmen festgehalten. Um den Service für eine ferne, unbekannte Zukunft komplett zu machen, liegt in den Kapseln ein großartiges Schlüsselwerk bei, mit dessen Hilfe die geschriebenen und gezeichneten Dinge in künftige Sprachen übersetzt werden können.

Eine Gruppe von Ingenieuren der *Westinghouse Electric* hatte die Idee, die reich bestückten Kapseln der Nachwelt zu schenken. John Harrington erfand das ingeniöse Dechiffriersystem für noch unbekannte Generationen. Arme Irre? Fantasten? Uns scheint die Ausführung dieser Idee beglückend und beruhigend: Es gibt also heute Menschen, die 5000 Jahre vorausdenken! Die Archäologen einer fernen Zukunft werden es nicht leichter haben als wir. Nach einem Atombrand nützen nämlich alle Bibliotheken der Welt nichts mehr und alle Errungenschaften, die uns so stolz machen, sind keinen Pfifferling mehr wert – weil sie verschwunden, weil sie zerstört, weil sie atomisiert sind. – Es muss auch, um Tat und Fantasie der Männer von New York zu rechtfertigen, kein Atombrand die Erde ramponieren: Die Verschiebung der Erdachse um wenige Grade würde Überschwemmungen unerhörten und unaufhaltbaren Ausmaßes bringen, sie würden auf jeden Fall jedes geschriebene Wort zerfressen. – Wer ist arrogant genug, zu behaupten, einen Gedanken wie die Männer von New York mit ihrer Weitsicht hätten die alten Weisen nicht auch gedacht haben können?

Unbestritten werden die Strategen eines A- und H-Bomben-Krieges ihre Waffen nicht auf Zulukäffer und harmlose Eskimos richten. Sie werden sie gegen die Zentren der Zivilisation einsetzen. Also wird über die fortgeschrittenen, die höchstentwickelten Völker das radioaktive Chaos kommen. Übrig bleiben – von den Zentren der Zivilisation weit entfernte – unterentwickelte Völker, Wilde, Primitive. Sie könnten, weil sie nicht daran teilhatten, unsere Kultur nicht weiterreichen oder auch nur etwas darüber berichten. Selbst Kluge oder Traumtänzer, die sich mühten, eine unterirdische Bibliothek zu retten, könnten damit für die Zukunft nichts tun. »Normale« Bibliotheken sind ohnehin zerstört, und die überlebenden Primitiven wissen nichts von den verborgenen, geheimen Bibliotheken. Ganze Teile des Erdballs werden zu glühenden Wüsten, denn eine jahrhundertelange R-Bestrahlung lässt keine Pflanze leben. Die Davongekommenen würden vermutlich mutieren, und von den versunkenen Städten wird nach 2000 Jahren nichts mehr übrig sein. Die Natur wird sich mit ihrer ungebändigten Kraft durch die Ruinen fressen, Eisen und Stahl werden verrosten und in Sand zerfallen.

Und alles begänne von Neuem! Der Mensch kann sein eigenes Abenteuer ein zweites, ein drittes Mal versuchen. Möglicherweise käme er wieder zu spät hinter das Geheimnis alter Schriften und Überlieferungen. 5000 Jahre nach der Katastrophe können dann Archäologen behaupten, der Mensch des 20. Jahrhunderts habe das Eisen noch nicht gekannt, weil sie begreiflicherweise auch bei emsigster Buddelei keines finden. An der russischen Grenze entlang fände man kilometerlange Panzersperren aus Beton, und man würde erklären, diese Funde deuteten zweifelsfrei auf astronomische Linien hin. Fände man Kassetten mit Magnettonbändern, wüsste man nichts damit anzufangen; man könnte ja auch bespielte von unbespielten Bändern nicht unterscheiden. Und vielleicht enthielten diese Bänder die Lösung für viele, viele Rätsel! – Texte, die von riesigen Städten sprechen, in denen Häuser von mehreren hundert Metern Höhe gestanden haben sollen, erklärt man für unglaubhaft, weil es solche Städte nicht gegeben haben kann. Die Londoner U-Bahn-Schächte wird man für eine geometrische Kuriosität halten oder für ein allerdings erstaunlich gut durchdachtes Kanalisationssystem. Und dann werden möglicherweise immer wieder Berichte auftauchen, in denen geschildert wird, wie Menschen mit riesigen Vögeln von Kontinent zu Kontinent flogen, und auch von merkwürdigen, feuerspeienden Schiffen, die am Himmel entschwanden. Das wird dann wieder als Mythologie abgetan, weil es keine so großen Vögel und keine feuerspeienden Himmelsungetüme gegeben haben kann.

Man würde es den Übersetzern anno 7000 schon sehr schwer machen: Was sie da aus Fragmenten über einen Weltkrieg im 20. Jahrhundert entziffern, klingt durch und durch unglaubwürdig. Wenn ihnen aber Reden von Marx oder Lenin in die Hand kommen, wird man – welch ein Glück! – endlich zwei Oberpriester dieser unverständlichen Zeit zum Mittelpunkt einer Religion machen können.

Man wird vieles deuten können, falls ausreichende Anhaltspunkte übrig bleiben. 5000 Jahre sind eine lange, lange Zeit. Es ist eine pure Laune der Natur, dass sie bearbeitete Gesteinsquader 5000 Jahre überdauern lässt. Mit dicksten Eisenbahnschienen geht sie nicht so behutsam um.

Im Hof eines Tempels in Delhi findet man, wie schon berichtet, einen aus Eisenteilen zusammengeschweißten Pfeiler, der seit fast 2000 Jahren der Witterung ausgesetzt ist, ohne dass er eine Spur von Rost zeigt; er ist nämlich schwefel- und phosphorfrei. Wir haben hier eine unbekannte Eisenlegierung aus dem Altertum vor uns. Vielleicht wurde der Pfeifer von einer Gruppe weit denkender Ingenieure gegossen, die keine Mittel für den Kolossalbau hatte, doch aber der Nachwelt ein sichtbares, die Zeiten überdauerndes Denkmal ihrer Kultur vererben wollte?

Es ist eine peinliche Geschichte: In vergangenen Hochkulturen finden wir Bauten, die wir heute mit modernsten technischen Mitteln nicht nachahmen können. Diese Steinklötze sind da, sie lassen sich nicht wegdiskutieren. Da nicht sein kann, was nicht sein darf, wird krampfhaft nach »vernünftigen« Erklärungen gesucht. Legen wir die Scheuklappen ab und suchen wir mit …

Die »Eiserne Säule« in Delhi. Seit Jahrtausenden hält sie allen Witterungseinflüssen stand, ohne eine Spur von Rost zu zeigen. Im Hintergrund Reste der »Großen Moschee von Lal Kot«. *(Foto: Ullstein-Messerschmidt)*

KAPITEL VII

Eine Tanzfläche für Riesen – Wovon lebten die alten Ägypter? – War Khufu ein Betrüger? – Warum stehen die Pyramiden da, wo sie stehen? – Lebende Leichen durch Tiefkühlung? – Prähistorische Modeschöpfer – Ist die Methode C-14 absolut sicher?

Nördlich von Damaskus liegt die Terrasse von Baalbek: eine Plattform, die aus Steinblöcken gebaut ist, von denen einige über 20 Meter Seitenlänge haben und fast 2000 Tonnen wiegen. Bisher hat die Archäologie keine überzeugende Erklärung dafür geben können, warum, wie und von wem die Baalbeker Terrasse gebaut wurde. Der russische Professor Agrest allerdings hält es für möglich, dass es sich bei den Resten der Terrasse um Überbleibsel einer riesigen Landefläche handeln kann.

Nehmen wir brav das Wissen zur Kenntnis, wie es uns wohlpräpariert verabfolgt wird, dann stand das Alte Ägypten plötzlich und ohne Übergang inmitten einer fantastischen Zivilisation. Große Städte und riesige Tempel, überdimensionale Statuen von großer Ausdruckskraft, von pompösen Figuren flankierte Prunkstraßen, perfekte Kanalisationsanlagen, in Fels gehauene Luxusgräber, Pyramiden von überwältigender Größe … diese und viele wunderbare Dinge mehr schossen quasi aus dem Boden. Wirkliche Wunder in einem Land, das ohne erkennbare Vorgeschichte plötzlich solcher Leistungen fähig ist!

Nur im Nildelta und auf schmalen Streifen links und rechts des Stromes gab es fruchtbares Ackerland. Nun schätzen aber Experten die Zahl der Einwohner zur Zeit des großen Pyramidenbaus auf 50 Millionen Menschen! (Eine Zahl übrigens, die in evidentem Widerspruch zu jenen 20 Millionen Menschen steht, die man der Gesamtbevölkerung der Welt anno 3000 vor Christus zugesteht!)

Bei solchen fantastischen Schätzungen kommt es auf ein paar Millionen Menschen mehr oder weniger nicht an: Feststeht, dass sie alle verpflegt werden mussten. Es gab ja nicht nur ein Riesenheer von Bauarbeitern, Steinmetzen, Ingenieuren und Schiffsleuten, es gab nicht nur Hunderttausende Sklaven – es gab auch eine gut ausgerüstete Armee, einen wohllebenden zahlreichen Priesterstand, zahllose Händler, Bauern und Beamte und – last, but not least – den aus dem vollen lebenden Hofstaat. Haben sie alle von den schmalen Erträgen der Landwirtschaft am Nildelta leben können?

Es wird uns gesagt, dass die Steinquader für den Bau der Pyramiden auf Gleitrollen fortbewegt wurden. Also doch wohl auf Holzrollen! Aber die wenigen Bäume, überwiegend Palmen, die damals (wie heute) in Ägypten wuchsen, wird man schwerlich gefällt und zu Gleitrollen verarbeitet haben, denn die Datteln der Palmen wurden dringend als Nahrungsmittel gebraucht, und Stämme und Wedel der Palmen waren die einzigen Schattenspender über ausgedörrtem Boden. Holzrollen aber müssen es ja gewesen sein, weil sonst der Bau der Pyramiden auch nicht die fadenscheinigste technische Erklärung fände. Hat man Holz importiert? Zum Holzimport aus fremden Ländern hätte es eine beträchtliche Flotte geben müssen und – in Alexandrien gelandet – hätte man das Holz den Nil aufwärts nach Kairo transportieren müssen. Da die Ägypter zur Zeit des großen Pyramidenbaus noch nicht über Pferd und Wagen verfügten, bestand keine andere Möglichkeit. Erst in der 17. Dynastie, etwa 1600 vor Christus, wurden Pferd und Wagen eingeführt. Ein Königreich für eine überzeugende Erklärung des Transports der Steinblöcke! Holzrollen, sagt man ja, seien nötig gewesen …

Um die Technik der Pyramidenbauer gibt es viele Rätsel und keine echten Lösungen.

Wie haben sie die Gräber in die Felsen gehauen? Welche Mittel hatten sie zur Verfügung, ein Labyrinth von Gängen und Räumen anzulegen? Die Wände sind glatt und meistens mit einer Reliefmalerei geschmückt. Die Schächte laufen schräg in den Felsboden; sie haben sauber, nach bester Handwerkermanier gearbeitete Stufen, die in die tief gelegenen Grabkammern führen. Scharen von Touristen stehen staunend davor, aber keiner bekommt eine Erklärung für die rätselhafte Technik des Aushubs. Dabei steht eindeutig fest, dass die Ägypter diese ihre Stollenbaukunst seit frühester Zeit beherrschten, denn die alten Felsgräber sind genauso gearbeitet wie die jüngeren. Zwischen dem Grab des Teti aus der 6. Dynastie besteht kein Unterschied zum Grab des Ramses I. aus dem Neuen Reich, obwohl zwischen dem Bau der beiden Gräber mindestens 1000 Jahre liegen! Offenbar hat man zur alten, einmal gelernten Technik nichts Besseres mehr dazugelernt, vielmehr wurden die späteren Bauten immer mehr zu dürftigen Kopien ihrer alten Vorbilder.

Der Tourist, der auf einem Kamel namens »Bismarck« oder »Napoleon« – je nach landsmännischer Herkunft – westlich Kairos zur Cheopspyramide emporgeschaukelt wird, spürt in der Magengrube den seltsamen Kitzel, den Reliquien einer unfassbaren Vergangenheit immer auslösen. Er hört, dass sich hier und dort ein Pharao eine Grabstätte bauen ließ. Und mit dieser frisch aufgewärmten Schulweisheit reitet er, nachdem er einige eindrucksvolle Fotos nahm, heimwärts. Besonders über die Cheopspyramide wurden sicher einige hundert unhaltbare, törichte Theorien aufgestellt. In dem 1864 erschienenen, 600 Seiten dicken Buch *Our Inheritance in the Great Pyramid* von Charles Piazzi Smyth lesen wir eine Menge haarsträubender Zusammenhänge zwischen der Pyramidenmasse und unserer Erdkugel.

Doch auch nach kritischster Prüfung bleiben immerhin einige Fakten, die uns nachdenklich stimmen sollten.

Es ist bekannt, dass die alten Ägypter einen regelrechten Sonnenkult betrieben: Ihr Sonnengott Re fuhr mit Barken am Himmel. Pyramidentexte des Alten Reiches schildern sogar Himmelfahrten des Königs, die er freilich mithilfe der Götter und deren Barken ausführte. Auch die Götter und Könige der Ägypter hatten es mit dem Fliegen …

Ist es eigentlich ein Zufall, dass die Höhe der Cheopspyramide – mit einer Milliarde multipliziert – annähernd der Distanz Erde–Sonne entspricht? Nämlich der Strecke von 149 504 000 Kilometern! Ist es ein Zufall, dass ein durch die Pyramide laufender Meridian Kontinente und Ozeane in zwei genau gleiche Hälften teilt? Ist es Zufall, dass der Umfang der Grundfläche – geteilt durch die doppelte Höhe – die berühmte Ludolf'sche Zahl $\pi = 3{,}1416$ ergibt? Ist es Zufall, dass man Berechnungen über das Gewicht der Erde fand, und ist es auch Zufall, dass der felsige Boden, auf dem das Bauwerk steht, sorgfältig und genau nivelliert ist?

Es gibt nirgends einen Hinweis, warum der Erbauer der Cheopspyramide, der Pharao Khufu, justament jenen Felsen in der Wüste zum Ort des Bauwerks bestimmte. Es ist denkbar, dass es eine natürliche Felskluft gab, die er für den Kolossalbau ausnutzte, wie es auch eine, wenn auch nur dürftige Erklärung sein mag, dass er von seinem Sommerpalast aus den Fortgang der Arbeiten beobachten wollte. Beide Gründe sind wider jeden Verstand: Einmal wäre es entschieden praktischer gewesen, die Baustelle näher an die östlichen Steinbrüche zu legen, um die Transportwege zu verkürzen, und zum andern lässt sich schwerlich denken, dass der Pharao vom Lärm, der auch damals schon Tag und Nacht die Baustelle erfüllte, Jahr um Jahr gestört werden wollte. Da so vieles gegen die Bilderbucherklärungen für die Standortwahl spricht, darf mit Verlaub gefragt werden, ob vielleicht auch hier die »Götter« ein Wort mitredeten und wenn auch nur durch die fordernden Überlieferungen der Priester. Lässt man aber eine solche Deutung zu, dann gibt es einen gewichtigen Beweis mehr für unsere Theorie von der utopischen Vergangenheit der Menschheit. Die Pyramide teilt nämlich nicht nur Kontinente und Ozeane in zwei gleiche Hälften – sie liegt außerdem im Schwerpunkt der Kontinente! Wenn die hier notierten Tatsachen keine Zufälle sind – und es fällt ungemein schwer, an solche zu glauben –, dann wurde die Baustelle von Wesen bestimmt, die genau über die Kugelgestalt der Erde und die Verteilung von Kontinenten und Meeren Bescheid wussten. Wir dürfen hier an das Landkartenwerk des Piri Reis erinnern! Nicht alles kann Zufall oder mit Märchen erklärbar sein.

Mit welcher Kraft, mit welchen »Maschinen«, mit welchem technischen Aufwand überhaupt wurde das Felsenterrain nivelliert? Auf welche Weise trieben die Baumeister die Stollen vor? Und womit haben sie sie erhellt? Weder hier noch in den Felsengräbern im Tal der Könige wurden Fackeln oder etwas Ähnliches benutzt: Es gibt keine geschwärzten Decken oder Wände oder auch nur geringste Hinweise darauf, dass solche Spuren entfernt worden wären. – Wie und womit wurden die Riesenblöcke aus den Steinbrüchen gesägt? Mit scharfen Kanten und glatten Seitenflächen? Wie wurden sie transportiert und millimetergenau aufeinandergefügt? Es gibt wieder ein Bündel von Erklärungen zur freien Wahl: schiefe Ebenen; Sandbahnen, auf denen die Steine geschoben wurden; Gerüste, Rampen, Aufschüttungen … Und natürlich die Arbeit von vielen hunderttausend ägyptischen Ameisen: Fellachen, Bauern, Handwerkern …

Keine dieser Erklärungen hält einer kritischen Betrachtung stand. Die Große Pyramide ist (und bleibt?) sichtbarer Zeuge einer nie begriffenen Technik. Heute, im 20. Jahrhundert, könnte kein Architekt – und stünden ihm die technischen Hilfsmittel aller Kontinente zur Verfügung – die Cheopspyramide nachbauen!

2 600 000 riesige Blöcke wurden aus den Steinbrüchen geschnitten, geschliffen und transportiert und auf der Baustelle millimetergenau zusammengepasst. Und tief drinnen in den Gängen wurden die Wände farbig bemalt!

Der Standort der Pyramide war eine Laune des Pharao …

Die unerreichten »klassischen« Maße der Pyramide sind dem Baumeister zufällig eingefallen …

Mehrere hunderttausend Arbeiter schoben und zogen auf (nicht vorhandenen) Gleitrollen mit (nicht vorhandenen) Seilen zwölf Tonnen schwere Blöcke eine Rampe hinauf …

Dieses Arbeitsheer lebte von (nicht vorhandenem) Getreide …

Es schlief in (nicht vorhandenen) Hütten, die der Pharao vor seinem Sommerpalast erbauen ließ …

Über einen (nicht vorhandenen) Lautsprecher wurden die Arbeiter mit einem ermunternden »Hau-ruck!« im Takt bewegt und derart der Zwölf-Tonnen-Block himmelwärts geschoben.

Hätten die fleißigen Arbeiter je Tag die ungeheure Akkordleistung von zehn aufgetürmten Blöcken geschafft, dann hätten sie – folgt man dieser anekdotenreifen Erläuterung – in etwa 250 000 Tagen = 664 Jahren die rund 2,5 Millionen Steinklötze zur herrlichen Pyramide zusammengesetzt! Ja, und dies sei nicht zu vergessen: Das Ganze entstand als Produkt der Laune eines exzentrischen Königs, der die Vollendung des von ihm inspirierten Bauwerks nie erlebte. Schaurig schön und unendlich traurig.

Man muss wohl kein Wort darüber verlieren, dass diese ernsthaft angebotene Theorie lächerlich ist. Wer ist einfältig genug, zu glauben, dass die Pyramide nichts als das Grab eines Königs sein sollte? Wer will weiterhin die Übermittlung mathematischer und astronomischer Zeichen für reine Zufälle halten?

Unangefochten wird die Große Pyramide heute dem Pharao Khufu als Inspirator und Bauherrn zugeschrieben. Warum? Weil sämtliche Inschriften und Täfelchen auf Khufu hinweisen. Dass die Pyramide nicht während der Dauer eines Lebens entstanden sein kann, scheint uns überzeugend. Was aber wäre, wenn Khufu die Inschriften und Täfelchen, die seinen Ruhm bekunden sollen, fälschen ließ? Das ist eine im Altertum nicht unbeliebte Methode gewesen, wie viele Bauwerke zu erzählen wissen. Immer, wenn ein diktatorischer Herrscher den Ruhm für sich allein wollte, ordnete er wohl das Verfahren an. Wenn dem so wäre, dann gab es die Pyramiden lange, ehe Khufu seine Visitenkarten anbringen ließ.

In der Bibliothek von Oxford liegt ein Manuskript, in dem der koptische Schriftsteller Mas-Udi behauptet, der Ägypterkönig Surid habe die Große Pyramide bauen lassen. Seltsam, dieser Surid herrschte vor der Sintflut in Ägypten! Und merkwürdig, dass dieser kluge König Surid seinen Priestern befahl, die Summe ihrer Weisheit zu notieren und die Niederschriften im Innern der Pyramide zu bergen. Nach der koptischen Überlieferung ist also die Pyramide vor der Sintflut erbaut worden.

Eine solche Annahme bestätigt Herodot im 2. Buch seiner *Historien:* Die Priester in Theben hätten ihm 341 Kolossalfiguren gezeigt, deren jede eine hohepriesterliche Generation seit 11 340 Jahren angebe. Nun weiß man, dass jeder Oberpriester bereits zu seinen Lebzeiten seine eigene Statue fabrizierte; so weiß denn auch Herodot von seiner Reise nach Theben zu berichten, dass ihm ein Priester nach dem andern seine Statue zeigte zum Nachweis dafür, dass immer der Sohn dem Vater gefolgt sei. Und die Priester versicherten Herodot, dass ihre Angaben sehr genau seien, da sie seit Generationen alles niedergeschrieben hätten, und sie erklärten, dass jede dieser 341 Figuren ein Menschenalter darstelle und dass vor diesen 341 Generationen die Götter unter den Menschen gelebt hätten und dass danach kein Gott in Menschengestalt sie wieder besucht habe.

Landläufig wird das geschichtskundige Alter Ägyptens auf etwa 6500 Jahre geschätzt. Warum logen dann die Priester den Reisenden Herodot so schamlos mit ihren 11 340 gezählten Jahren an? Und warum betonten sie so ausdrücklich, dass seit 341 Generationen keine Götter mehr unter ihnen geweilt hätten? Diese präzisen Zeitangaben, an den Statuten demonstriert, wären vollkommen unnütz, wenn nicht vor grauen Zeiten eben doch »Götter« unter den Menschen gelebt hätten!

Über das Wie, Warum und Wann des Pyramidenbaues wissen wir so gut wie nichts. Da steht ein knapp 150 Meter hoher und 31 200 000 Tonnen schwerer künstlicher Berg als Zeuge einer unbegreiflichen Arbeitsleistung, und dieses Denkmal soll nicht mehr sein als die Grabstätte eines extravaganten Königs! Das mag glauben, wer will.

Gleichermaßen unverständlich und bisher nicht überzeugend erklärt starren uns wie ein magisches Geheimnis die Mumien aus grauester Vorzeit an. Verschiedene Völker beherrschten die Technik der Einbalsamierung von Leichen, und die Funde sprechen für die Annahme, dass die vorzeitlichen Wesen an die Wiederkehr in einem zweiten Leben glaubten, an eine körperliche Wiederkehr. Eine solche Deutung wäre akzeptabel, wenn der Glaube an eine körperliche Wiederkehr auch nur von ferne im Ideengut des Altertums unterzubringen wäre! Hätten unsere Vorfahren nur an eine geistige Wiederkehr gedacht, dann hätten sie den Verstorbenen kaum eine solche Pflege zuteilwerden lassen. Die Funde in den ägyptischen Gräbern aber liefern Beispiel um Beispiel für die Präparierung auf eine körperliche Wiederkehr der einbalsamierten Leichen.

Was der Augenschein, was der sichtbare Beweis aussagen, ist so absurd nicht! Tatsächlich lieferten Aufzeichnungen und Sagen Anhaltspunkte dafür, dass die »Götter« versprachen, von den Sternen zurückzukehren, um die gut erhaltenen Leiber zu neuem Leben zu erwecken. Drum wohl war die Versorgung der in den Grabkammern einbalsamierten Leichen so praktisch und für ein diesseitiges Leben gedacht. Was hätten sie sonst mit Geld, mit Schmuck, mit ihren Lieblingsrequisiten anfangen sollen? Und da man ihnen sogar einen Teil ihrer Dienerschaft, fraglos bei lebendigem Leibe, mit ins Grab gab, war wohl die Fortsetzung des alten Lebens in einem neuen Leben mit all den Vorbereitungen gemeint. Die Gräber waren, quasi atombombensicher, ungeheuer dauerhaft und solide gebaut; sie konnten die Stürme aller Zeiten überdauern. Die mitgegebenen Werte waren absolut krisenfest, nämlich Gold und Edelsteine. Es geht hier nicht darum, die späteren Unsitten der Mumifizierungen zu erörtern. Hier geht es nur um die Frage: Wer hat den Heiden die Idee der körperlichen Wiedergeburt in den Kopf gesetzt? Und woher stammte der erste, kühne Gedanke, dass die Zellen des Körpers erhalten bleiben müssen, damit der Leichnam, an hundertmal gesichertem Ort aufbewahrt, nach Jahrtausenden zu neuem Leben erweckt werden kann?

Bisher wurde dieser geheimnisvolle Komplex der Wiedererweckung nur aus religiöser Sicht betrachtet. Kann sich der Pharao, der ganz gewiss mehr über Wesen und Sitten der »Götter« wusste als seine Untertanen, nicht diese, möglicherweise ganz irrwitzigen, Vorstellungen gemacht haben: Ich muss mir eine Grabstätte schaffen, die jahrtausendelang nicht zerstört werden kann und die weithin sichtbar über dem Lande liegt? Die Götter versprachen, wiederzukommen und mich aufzuwecken … (oder Mediziner einer fernen Zukunft werden Möglichkeiten finden, mich wieder lebendig zu machen …).

Was ist im Raumfahrtzeitalter dazu zu sagen?

Der Physiker und Astronom Robert C. W. Ettinger deutet in seinem 1965 erschienenen Buch *The Prospect of Immortality* einen Weg an, wie wir Menschen des 20. Jahrhunderts uns so einfrieren lassen können, dass nach medizinischer, biologischer Sicht unsere Zellen billionenfach verlangsamt weiterleben. Mag dieser Gedanke einstweilen noch utopisch klingen, tatsächlich aber verfügt heute bereits jede große Klinik über eine »Knochenbank«, die jahrelang menschliche Knochen in tiefgefrorenem Zustand konserviert und bei Bedarf wiederverwendungsfähig macht. Frischblut – auch dies bereits allerorts praktiziert – kann bei minus 196 Grad Celsius unbegrenzte Zeit aufbewahrt werden, ja, und die Lagerfähigkeit lebender Zellen ist bei der Temperatur des flüssigen Stickstoffs nahezu unendlich. Dachte der Pharao einen utopischen Gedanken, der in Bälde vor seiner Realisierung steht?

Man muss es zweimal lesen, um die Ungeheuerlichkeit dieses wissenschaftlichen Forschungsergebnisses zu begreifen: Biologen der Universität Oklahoma stellten im März 1963 fest, dass die Hautzellen der ägyptischen Prinzessin Mene lebensfähig waren! Und Prinzessin Mene ist seit mehreren tausend Jahren tot!

Es fanden sich vielerorts Mumien, die so vollständig und unversehrt erhalten sind, dass sie lebendig scheinen. Bei den Inkas überdauerten Gletschermumien die Zeiten, und theoretisch sind sie lebensfähig. Utopie? Im Sommer 1965 zeigte das russische Fernsehen zwei Hunde, die man eine Woche lang tiefgefroren hatte. Und am siebenten Tage taute man sie wieder auf, und siehe da: Sie lebten munter wie zuvor!

Die Amerikaner, auch das ist kein Geheimnis, beschäftigen sich innerhalb ihres weitläufigen Raumfahrtprogramms ernsthaft mit dem Problem, wie man Astronauten der Zukunft für ihre langen Reisen zu fernen Sternen einzufrieren vermag.

Professor Ettinger, heute oft verspottet, prophezeit eine ferne Zukunft, in der sich die Menschen weder verbrennen, noch von Würmern auffressen lassen werden – eine Zukunft, in der die Leichen auf Tiefkühlfriedhöfen oder in Tiefkühlbunkern eingefroren den Tag erwarten, an dem eine fortgeschrittene Medizin ihre Todesursachen beheben und ihre Leichen damit zu neuem Leben bringen kann. Wer diesen utopischen Gedanken zu Ende denkt, sieht die Schreckensvision einer Armee von tiefgekühlten Soldaten, die nach Bedarf im Kriegsfall aufgetaut werden. Wirklich schreckliche Visionen!

Was aber haben Mumien mit unserer Hypothese von Raumfahrern im grauen Altertum zu tun? Zerren wir Indizien an den Haaren herbei?

Wir fragen: Woher haben die Alten gewusst, dass Körperzellen nach einer speziellen Behandlung billionenfach verlangsamt weiterleben?!

Wir fragen: Woher stammt die Idee der Unsterblichkeit, woher der Gedanke gar einer körperlichen Wiedererweckung?

Die meisten alten Völker beherrschten die Fertigkeit der Mumifizierung, die Reichen unter ihnen praktizierten sie auch. Es geht hier nicht um diese vorweisbaren Tatsachen, es geht um die Lösung des Rätsels, woher die Idee einer Wiedererweckung, einer Wiederkehr ins Leben stammte. Ist die Idee einem König oder einem Stammesfürsten ganz zufällig gekommen, oder hat ein hochmögender Herr vielleicht »Götter« beobachtet, die ihre Leichen nach einem komplizierten Verfahren behandelten und in einem bombensicheren Sarkophag aufhoben? Oder haben irgendwelche »Götter« (= Raumfahrer) einem aufgeweckten, intelligenten Königssohn ihre Kenntnisse, wie man – nach einer speziellen Behandlung – Leichen wiedererwecken kann, mitgeteilt?

Diese spekulative Motivation bedarf einer zeitgemäßen Begründung. Die Menschheit wird in einigen hundert Jahren die Raumfahrt mit einer heute noch unausdenkbaren Perfektion beherrschen. Reisebüros werden Planetenreisen mit präzisen Abfahrt- und Rückreiseterminen in ihren Prospekten anbieten. Voraussetzung für diese Perfektion ist freilich, dass alle Wissenschaftszweige mit der Entwicklung Schritt halten. Elektronik und Kybernetik allein schaffen das Klassenziel nicht. Medizin und Biologie werden ihre Beiträge leisten, indem sie Wege ermitteln, die es ermöglichen, den Lebensprozess des Menschen zu verlängern. Heute läuft auch dieser Teil der Raumforschung bereits auf vollen Touren. Utopische Konsequenz: Hatten Raumfahrer in Vorzeiten bereits Kenntnisse, die wir neu gewinnen müssen? Kannte bereits eine fremde Intelligenz die Methoden, mit denen Körper zu behandeln waren, um sie in x-tausend Jahren wieder lebendig machen zu können? Vielleicht hatten die »Götter«, klug, wie sie waren, ein Interesse daran, wenigstens einen Toten mit allem Wissen seiner Zeit »aufzubewahren«, damit er dereinst nach der Geschichte seiner Generation befragt werden konnte? Was wissen wir denn schon? Hat nicht möglicherweise eine solche Befragung durch wiedergekehrte »Götter« stattgefunden?

Aus den ersten, ordnungsmäßig präparierten Mumien wurde im Laufe der Jahrhunderte eine Modesache. Plötzlich wollte jeder wiedererweckt werden; plötzlich meinte jedermann, er würde eines Tages zu neuem Leben kommen, wenn er nur das Gleiche täte wie seine Vorfahren. Die Hohen Priester, die tatsächlich über ein Wissen von solchen Wiedererweckungen verfügten, trugen kräftig dazu bei, diesen Kult zu fördern, denn ihre Klasse machte ein gutes Geschäft damit.

Wir sprachen bereits von dem physisch unmöglichen Alter der sumerischen Könige oder der biblischen Gestalten. Wir stellten die Frage, ob es sich bei diesen Wesen um Raumfahrer gehandelt haben könnte, die ihr Alter durch die Zeitverschiebungen bei interstellaren Flügen knapp unter der Lichtgeschwindigkeit nur relativ zu unserem Planeten verlängerten.

Lässt sich dem undenkbaren Alter der in den Schriften benannten Personen vielleicht auf die Spur kommen, wenn wir annehmen, dass diese Personen mumifiziert oder eingefroren wurden? Folgt man dieser Theorie, dann hätten die fremden Raumfahrer führende Persönlichkeiten des Altertums eingefroren – in künstlichen Tiefschlaf versetzt, wie Legenden berichten – und sie bei späteren Besuchen jeweils wieder aus dem Schubfach geholt, sie aufgetaut und sich mit ihnen unterhalten. Am Ende jedes Besuches wäre es Aufgabe der von den Raumfahrern instruierten und eingesetzten Priesterklasse gewesen, die Lebendig-Toten wieder zu präparieren und erneut in riesigen Tempeln zu behüten, bis eines Tages die »Götter« wiederkehrten.

Unmöglich? Lächerlich? Es sind meistens jene Leute, die sich so außergewöhnlich naturverbunden fühlen, die die albernsten Einwände vorbringen. Präsentiert die Natur nicht selbst eklatante Beispiele für diesen »Winterschlaf« und die Wiedererweckung? Es gibt Fischarten, die, zu Stein und Bein gefroren, bei günstiger Temperatur wieder auftauen und quietschvergnügt im Wasser schwimmen. Blumen, Larven und Engerlinge bringen nicht nur einen biologischen Winterschlaf hinter sich – sie zeigen sich überdies im Frühjahr in schönem neuem Kleid.

Seien wir unser eigener *advocatus diaboli:* Haben die Ägypter die Möglichkeit der Mumifizierung der Natur abgeschaut? Wäre das der Fall, dann müsste es doch wohl einen Kult der Schmetterlinge oder der Maikäfer geben oder wenigstens eine Spur davon. Nichts gibt es in dieser Richtung! Es gibt in unterirdischen Gräbern Riesensarkophage mit mumifizierten Stieren, aber den Stieren können die Ägypter den Winterschlaf nicht abgeschaut haben. Acht Kilometer von Heluan liegen mehr als 5000 Gräber verschiedener Größe, und alle stammen aus der Zeit der 1. und 2. Dynastie. Diese Gräber beweisen, dass die Kunst der Mumifizierung älter als 6000 Jahre ist.

1953 entdeckte Professor Emery auf dem archaischen Friedhof von Nordsakkara ein großes Grab, das einem Pharao der 1. Dynastie (wahrscheinlich Uadjis) zugeschrieben wird. Außerhalb des Hauptgrabes lagen in drei Reihen 72 weitere Gräber, in denen die Leichen der Dienerschaft lagen, die ihren König in die neue Welt begleiten wollten. An den Körpern der 64 jungen Männer und acht jungen Frauen ist keine Spur von Gewaltanwendung erkennbar. Warum haben sich diese 72 einmauern und umbringen lassen?

Der Glaube an ein zweites Leben im Jenseits ist die bekannteste und zugleich einfachste Erklärung für dieses Phänomen. Außer Schmuck und Gold gab man dem Pharao auch Getreide, Öl und Spezereien mit ins Grab – offenbar als Proviant fürs Jenseits gemeint. Außer von Grabschändern wurden die Gräber auch von späteren Pharaonen wieder geöffnet. Der Pharao fand dann im Grab eines Vorfahren die Vorräte wohlerhalten vor. Der Tote hatte sie also weder gegessen noch ins Jenseits mitgenommen. Und wenn die Gräber wieder geschlossen wurden, gab man neue Waren in die Gruft, schloss sie einbruchssicher und versiegelte sie mit vielen Fallen. Der Gedanke scheint naheliegend, dass man an eine Wiedererweckung in späterer Zukunft glaubte und nicht an ein sofortiges Wiedererwachen im Jenseits.

Auch in Sakkara wurde im Juni 1954 ein Grab entdeckt, das nicht ausgeraubt war, denn in der Grabkammer lag ein Kasten mit Juwelen und Gold. Der Sarkophag war, anstatt mit einem Deckel, mit einer Schiebeplatte verschließbar. Am 9. Juni öffnete Dr. Goneim den Sarkophag feierlich. Er enthielt nichts. Gar nichts. Hat sich die Mumie aus dem Staub gemacht, ohne ihre Schätze mitzunehmen?

Der Russe Rodenko entdeckte 80 Kilometer von der Grenze der Äußeren Mongolei entfernt ein Grab, den sogenannten Kurgan V. Dieses Grab ist ein steinerner Hügel, der inwendig mit Holz verkleidet ist. Alle Grabkammern sind mit ewigem Eis ausgefüllt, wodurch der Grabinhalt unter den Konditionen der Tiefkühlung konserviert wurde. Eine dieser Grabkammern enthielt einen einbalsamierten Mann und eine gleichermaßen präparierte Frau; beide waren mit allen Dingen versorgt, die sie für ein späteres Leben benötigt hätten: Nahrungsmittel in Schalen, Kleider, Juwelen, Musikinstrumente. All dies tiefgefroren und gut erhalten, einschließlich der nackten Mumien! In einem Grab identifizierte man Zeichen eines Vierecks mit je sechs quadratischen Zeichnungen in vier Reihen. Das Ganze könnte eine Kopie des Steinteppichs sein, der sich im assyrischen Palast von Ninive befindet! Merkwürdige, sphinxartige Figuren mit komplizierten Hörnern auf dem Kopf und Flügeln auf dem Rücken werden deutlich, und ihre Haltung zeigt sie himmelwärts strebend.

Mit den Funden in der Mongolei lassen sich doch wohl kaum Motive für ein zweites, geistiges Leben begründen. Die in den dortigen Gräbern angewandte Tiefkühlung – denn um eine solche handelt es sich bei den mit Holz ausgeschlagenen und mit Eis gefüllten Gräbern – ist zu diesseitig und zu sehr für irdische Zwecke bestimmt. Warum, und diese Frage bedrängt uns immer wieder, meinten die Alten, dass derart von ihnen präparierte Leichen zu Bedingungen kämen, die eine Wiedererweckung möglich machen sollten? Das ist vorläufig ein Rätsel.

In dem chinesischen Dorf Wu-Chuan existiert ein rechteckiges Grab von 14 mal zwölf Metern; darin liegen die Skelette von 17 Männern und 24 Frauen. Auch hier zeigt keines der Skelette Merkmale eines gewaltsamen Todes. – In den Anden gibt es Gletschergräber, in Sibirien Eisgräber, in China und im Raume Sumer und in Ägypten Gruppen-

Geflügeltes göttliches Wesen von einem Relief aus dem Palast in Chorsabad, heute *Louvre*, Paris. *(Foto: Bildarchiv Marburg)*

und Einzelgräber. Mumien fanden sich im hohen Norden wie in Südafrika. Und alle Toten waren auf eine Wiedererweckung in späterer Zeit hin sorgfältig vorbereitet und versorgt. Alle Leichen wurden mit dem für ein neues Leben Notwendigen ausgestattet, und alle Gräber sind so angelegt und gebaut, dass sie Jahrtausende überstehen konnten.

Ist alles nur Zufall? Sind das nur Einfälle, seltsame Einfälle allerdings, der Vorfahren? Oder gibt es ein uns unbekanntes, altes Versprechen körperlicher Wiederkehr? Wer kann es gegeben haben?

In Jericho wurden 10 000 Jahre alte Gräber freigelegt, und es wurden 8000 Jahre alte Köpfe gefunden, die aus Gips modelliert sind. Auch das ist verwunderlich, denn dieses Volk kannte angeblich die Fertigkeiten der Töpferei noch gar nicht. In einem anderen Teil von Jericho entdeckte man ganze Reihen von runden Häusern: Die Mauern sind am oberen Ende einwärts geneigt wie Kuppeldächer.

Das allmächtige Kohlenstoffisotop C-14, mit dessen Hilfe sich das Alter von organischen Substanzen bestimmen lässt, liefert hier Daten bis maximal 10 400 Jahre. Diese wissenschaftlich ermittelten Daten stimmen ziemlich genau mit den Daten überein, die die ägyptischen Priester übermittelten. Diese sagten, ihre Priestervorfahren hätten mehr als 11 000 Jahre ihren Dienst versehen. Auch nur ein Zufall?

Einen besonders aparten Fund präsentieren prähistorische Steine in Lussac (Poitou, Frankreich): Zeichnungen von Menschen, die absolut modern gekleidet sind, mit Hüten, Jacken oder kurzen Hosen. Der Abbé Breuil designierte die Zeichnungen als authentisch, und seine Erklärung wirft die ganze gebündelte Prähistorie über den Haufen. Wer hat denn die Steine graviert? Wessen Fantasie reicht aus, sich einen mit Fellen bekleideten Höhlenbewohner vorzustellen, der Figuren des 20. Jahrhunderts an die Winde zeichnet?

In der Höhle von Lascaux in Südfrankreich wurden 1940 die großartigsten steinzeitlichen Malereien gefunden. Diese Gemäldegalerie prangt uns so frisch und plastisch und unversehrt entgegen, dass sich zwei Fragen unausweichlich aufdrängen: Wie wurde diese Höhle für die mühsame Arbeit des steinzeitlichen Künstlers beleuchtet, und warum wurden die Höhlenwände mit diesen erstaunlichen Malereien versehen?

Leute, die diese Fragen für stupide halten, mögen uns dann die Widersprüche erklären: Entweder waren die steinzeitlichen Höhlenbewohner primitiv und wild, dann konnten sie an Höhlenwänden nicht die erstaunlichsten Gemälde produzieren. War der Wilde aber fähig, diese Gemälde anzufertigen, warum soll er dann nicht in der Lage gewesen sein, sich Wohnhütten als Unterschlupf zu bauen? Klügste Menschen gestehen dem Tier seit Jahrmillionen die Fähigkeit zu, Nester und Unterschlupfe zu bauen. Es passt aber offenbar nicht in das Denksystem, zu jener Zeit dem *homo sapiens* die gleiche Fertigkeit einzuräumen!

In der Wüste Gobi fand Professor Koslov – unweit jener seltsamen Sandverglasungen, die nur durch große Hitzeeinwirkung entstanden sein können – tief unter den Ruinen von Khara-Khota ein Grab, das man auf etwa 12 000 Jahre vor Christus zurückschreibt. In einem Sarkophag liegen die Körper zweier reicher Menschen, und auf dem Sarkophag entdeckte man das Zeichen eines vertikal getrennten Kreises.

In den Subisbergen an der Westküste von Borneo wurde ein Netz kathedralenartig ausgebauter Höhlen gefunden; in den Höhlen deuten Kulturrückstände auf eine Bauzeit um 38 000 vor Christus. Unter diesen ungeheuerlichen Funden gibt es Gewebe von einer Reinheit und Zartheit, dass man sich bei bestem Willen nicht ausdenken kann, wie die Wilden so etwas fertigbrachten! Fragen, Fragen, Fragen …

Die Dinge sind keine Hypothesen, sie sind in Fülle vorhanden: Höhlen, Gräber, Sarkophage, Mumien, alte Landkarten, verrückte Bauten immenser architektonischer und technischer Leistungen, Überlieferungen verschiedenster Provenienz, die in kein Schema passen wollen.

Erste Zweifel schleichen sich in das Denkmodell der Archäologie ein, aber es müssen Breschen geschlagen werden ins Dickicht der Vergangenheit. Marksteine müssen neu gesetzt, womöglich auch eine Reihe fixer Daten neu festgelegt werden.

Dies sei klargestellt: Hier wird nicht die Geschichte der letzten 2000 Jahre angezweifelt! Wir sprechen nur und ausschließlich vom grauesten Altertum, vom tiefsten Dunkel der Zeiten, das mit neuen Fragestellungen zu erhellen wir uns bemühen.

Wir können auch keine Zahlen und Daten angeben, wann der Besuch einer fremden Intelligenz aus dem Weltall unsere junge Intelligenz zu beeinflussen begann. Aber wir wagen, die bisherigen Datierungen des grauen Altertums anzuzweifeln! Wir vermuten, wir haben leidlich gute Gründe, das Ereignis, um das es uns geht, in der Zeit des Jung-Paläolithikums, also zwischen 10 000 und 40 000 vor Christus, anzunehmen. Unsere bisherigen Datierungsmethoden, einschließlich des berühmten, selig machenden Kohlenstoffisotops C-14, lassen große Lücken, sobald wir über ein Alter von mehr als 5600 Jahren kommen. Je älter die zu untersuchende Substanz, umso unzuverlässiger wird die Radio-Karbon-Methode. Selbst ernsthafte Forscher sagten uns, sie hielten die C-14-Methode für wenig brauchbar, weil damit das Alter einer organischen Substanz zwischen 30 000 und 50 000 Jahren nach Belieben und Wunsch bestimmt werden könne.

Man muss diese kritischen Stimmen nicht uneingeschränkt akzeptieren – trotzdem wäre eine zweite, auf modernsten Messgeräten basierende Datierungsmethode, parallel zur C-14-Methode, fraglos wünschenswert.

KAPITEL VIII

Ließen die Götter die Riesen auf der Osterinsel im Stich? – Wer war der weiße Gott? – Man kannte keine Webstühle und züchtete doch Baumwolle – Die letzte Erkenntnis des Menschen

Die ersten europäischen Seefahrer, die Anfang des 18. Jahrhunderts auf der Osterinsel landeten, trauten ihren Augen nicht. Sie sahen auf diesem kleinen Stückchen Erde, 3600 Kilometer vor der Küste Chiles, Hunderte ungeheuer große Statuen, die kreuz und quer über die Insel verstreut lagen. Ganze Bergmassive waren umgeformt worden, stahlhartes Vulkangestein war wie Butter durchschnitten, und Zehntausende Tonnen massiven Felsens lagen an Orten, an denen sie nicht bearbeitet worden sein konnten. Hunderte von riesigen Gestalten, die zum Teil zwischen zehn und 20 Meter hoch und bis zu 50 Tonnen schwer sind, starren heute noch jedem herausfordernd entgegen – Robotern ähnlich, die nur darauf zu warten scheinen, wieder in Betrieb gesetzt zu werden. Ursprünglich trugen diese Kolosse auch noch Hüte; doch auch die Hüte trugen nicht gerade dazu bei, die rätselhafte Herkunft der Statuen zu deuten: Das Gestein der über zehn Tonnen schweren Hüte war an anderer Stelle als das der Körper gefunden worden, und der Hut musste ja auch noch in luftige Höhen gehievt worden sein.

Bei einigen dieser Kolosse waren dazumal Holztäfelchen gefunden worden, die mit eigenartigen Hieroglyphen beschriftet waren. Heute aber lassen sich in allen Museen der Welt keine zehn Stück dieser Täfelchen mehr auftreiben, und von denen, die es noch gibt, ist bislang keine Inschrift entziffert worden.

Thor Heyerdahls Untersuchungen an diesen mysteriösen Riesen ergaben drei deutlich unterscheidbare Kulturperioden, und die älteste

Von rätselhafter Herkunft sind die riesigen Steinkolosse der Osterinsel, die, Robotern nicht unähnlich, dem Besucher entgegenstarren.
(Quelle: Foto-Archiv Erich von Däniken)

der drei scheint die perfekteste gewesen zu sein. Holzkohlenreste, die Heyerdahl fand, datiert er auf etwa 400 nach Christus. Nicht erwiesen ist, ob die Feuerstellen und Knochenreste in irgendeinem Zusammenhang mit den Steinkolossen stehen. An Felswänden und Kraterrändern entdeckte Heyerdahl Hunderte von unfertigen Statuen; Tausende von Steinwerkzeugen, einfache Steinhandbeile, lagen herum, so, als ob die Arbeit ganz plötzlich aufgegeben worden war.

Die Osterinsel liegt weit weg von jedem Kontinent und von jeder Zivilisation. Den Insulanern sind Mond und Sterne vertrauter als jedes andere Land. Auf der Insel, einem winzigen Flecken aus Vulkangestein, wachsen keine Bäume. Die gängige Erklärung, die Steingiganten seien mit Holzrollen an ihren Standort befördert worden, ist auch diesmal nicht anwendbar. Die Insel kann auch kaum für mehr als 2000 Menschen Nahrung hergegeben haben. (Heute leben auf der Osterinsel einige hundert Eingeborene.) Ein Schiffsverkehr, der den Steinmetzen Nahrung und Kleidung auf die Insel brachte, ist im Altertum kaum vorstellbar. Wer also hat die Statuen aus den Felsen geschnitten, wer hat sie bearbeitet und an ihre Plätze transportiert? Wie wurden sie – ohne Gleitrollen – kilometerweit über Stock und Stein bewegt? Wie

In unserem Jahrhundert schauten nur die Köpfe der Figuren aus dem Boden. Der darunterliegende Körper kann bis zu 13 Metern lang sein. *(Quelle: Foto-Archiv Erich von Däniken)*

wurden sie bearbeitet, poliert und aufgerichtet? Und wie wurde der Hut aufgesetzt, dessen Stein aus einem anderen Steinbruch als dem der Figuren stammte?

Wenn man sich mit reger Fantasie in Ägypten noch die Arbeit eines Ameisenheeres nach der »Hau-ruck«-Methode vorzustellen versucht, so fällt diese Vorstellung auf der Osterinsel mangels Masse aus. Maximal 2000 Menschen genügten in keinem Fall – und wenn sie Tag und Nacht gearbeitet hatten –, um mit primitivsten Werkzeugen aus stahlhartem Vulkangestein diese Kolossalfiguren zu gestalten. Denn von der Bevölkerung musste ja wohl auch ein Teil die kargen Felder bebauen und einen bescheidenen Fischfang betreiben, und ein paar Leute mussten Stoffe weben und Seile zwirnen. Nein, nur 2000 Menschen haben die Riesenstatuen nicht erschaffen können. Und eine zahlreichere Bevölkerung ist auf der kleinen Osterinsel nicht denkbar. Wer also hat die Arbeit geleistet? Und warum wurde sie geleistet? Und warum stehen die Statuen rund um die Insel herum, aber keine im Innern? Welchem Kult haben sie gedient?

Leider trugen auch auf diesem winzigen Fleck Erde die ersten westlichen Missionare ihr Teil dazu bei, dass das Dunkel der Zeiten dunkel

Die gängige Erklärung, die Riesenstatuen der Osterinsel seien mit Holzrollen an ihren Standort befördert worden, ist angesichts der baumlosen Landschaft wenig glaubhaft. *(Quelle: Foto-Archiv Erich von Däniken)*

Das Transportproblem und das Herausmeißeln der Statuen war – wenn auch sehr mühsam – irgendwie lösbar. Unverständlich bleibt, wen die robotergleichen Figuren eigentlich darstellen sollten. *(Quelle: Foto-Archiv Erich von Däniken)*

bleibt: Sie verbrannten Täfelchen mit hieroglyphischen Schriftzeichen, sie verboten die alten Götterkulte und zerstörten jede Überlieferung. So gründlich die frommen Herren ans Werk gingen, konnten sie die Eingeborenen doch nicht daran hindern, ihre Insel heute noch das »Land der Vogelmenschen« zu nennen. Und die mündlich überlieferte Legende weiß, dass in uralten Zeiten fliegende Menschen gelandet sind und Feuer angezündet haben. Die Legende findet sich in Skulpturen von fliegenden Wesen mit großen, starren Augen bestätigt.

Unwillkürlich drängen sich einem Zusammenhänge zwischen der Osterinsel und Tiahuanaco auf! Dort wie hier finden wir Steinriesen, die zum selben Stil gehören. Die hochmütigen Gesichter mit ihrem stoischen Gesichtsausdruck passen zu den Figuren – hier wie dort. Als Francisco Pizarro anno 1532 die Inkas über Tiahuanaco befragte, sagten sie ihm, dass kein Mensch diese Stadt anders als in Ruinen gesehen hätte, denn Tiahuanaco sei noch in der Nacht der Menschen erbaut worden. Überlieferungen bezeichnen die Osterinsel als »Nabel der Welt«. Zwischen Tiahuanaco und der Osterinsel liegen mehr als 5000 Kilometer. Wie kann eine Kultur überhaupt von der anderen inspiriert worden sein?

Vielleicht kann uns hier die prä-inkaische Mythologie einen Hinweis geben: In ihr war der alte Schöpfergott Viracocha eine uralte und elementare Gottheit. Überlieferungen zufolge hat Viracocha die Welt erschaffen, als sie noch dunkel und ohne Sonne war; er hat ein Geschlecht von Riesen aus Stein gemeißelt, und als ihm diese missfielen, versenkte er sie in einer großen Flut; danach veranlasste er, dass über dem Titicacasee Sonne und Mond aufgingen, damit Licht auf der Erde war. Ja, und dann – man lese es genau! – habe er in Tiahuanaco Tonfiguren von Mensch und Tier geformt und ihnen Leben eingehaucht; fortan habe er diese von ihm geschaffenen Lebewesen in Sprache, Gebräuchen und Künsten unterwiesen, um schließlich einige von ihnen auf verschiedene Kontinente zu fliegen, die sie künftig bewohnen sollten. Nach diesem Werk sei der Gott Viracocha mit zwei Gehilfen in viele Länder gereist, um zu überprüfen, wie seine Anordnungen befolgt wurden und zu welchen Resultaten sie führten. In der Verkleidung eines alten Mannes sei Viracocha die Anden hinauf und die Küsten entlang gewandert, und manchmal sei er auch da und dort böse empfangen worden. Einmal, in Cacha, habe er sich über den Empfang so geärgert, dass er voller Wut einen Felsen anzündete, der das ganze Land zu verbrennen begann. Da habe das undankbare Volk ihn um Verzeihung gebeten, worauf er mit einer einzigen Gebärde die Flammen gelöscht habe.

Viracocha sei weitergereist, habe Anweisungen und Ratschläge gegeben, und manche Tempel seien ihm in der Folge errichtet worden. In der Küstenprovinz Manta habe er schließlich Abschied genommen und sei, auf den Wellen reitend, über den Ozean verschwunden, aber er habe wiederkommen wollen …

Die spanischen Konquistadoren, die Süd- und Zentralamerika eroberten, stießen überall auf die Sagen von Viracocha. Noch nie hatten sie von riesigen weißen Männern gehört, die irgendwo vom Himmel gekommen waren … voller Staunen erfuhren sie von einer Rasse von Sonnensöhnen, die die Menschen in allerlei Künsten unterwiesen und wieder verschwanden. Und in allen Legenden, die die Spanier hörten, gab es die Versicherung, dass die Sonnensöhne wiederkommen würden.

Tatsächlich ist der amerikanische Kontinent die Heimat ganz alter Kulturen, aber unser genaues Wissen über Amerika ist kaum 1000 Jahre alt. – Es ist völlig unerfindlich, warum 3000 vor Christus die Inkas in Peru Baumwolle züchteten, obwohl sie keine Webstühle kannten und besaßen … Die Mayas bauten Straßen, aber sie gebrauchten das Rad nicht, obzwar sie es kannten … Ein Wunder die fünfreihige, fantastische Halskette aus grünem Jade in der Grabpyramide von Tikal in Guatemala! Ein Wunder deshalb, weil der Jade aus China stammt … Unbegreiflich die Bildhauereien der Olmeken! Man kann sie mit ihren schönen behelmten Riesenschädeln nur an ihren Fundorten bewundern. In einem Museum werden sie wohl auch in Zukunft nicht zu besichtigen sein: Die Transportprobleme der Gegenwart löst man zwar bereits mit einem 500-Tonnen-Autokran und Schwerlastfahrzeugen, die mehrere 1000 Tonnen befördern können. (Die amerikanische Raumfahrtbehörde hat für die *Saturn*-Rakete sogar ein Schwerlastfahrzeug bauen lassen, das 7750 Tonnen trägt!) Die zum Teil über 100 Tonnen schweren Kunstwerke der Olmeken könnte man also ohne Schwierigkeiten transportieren. Aber keine Brücke des Landes würde die Belastung des Kolosses tragen. Das jedoch konnten bereits unsere Altvorderen. Aber wie?

Es scheint sogar, als hätten sich die alten Völker ein besonderes Vergnügen daraus gemacht, mit Steingiganten über Berge und Täler zu jonglieren: Die Ägypter holten ihre Obelisken aus Assuan – die Architekten von Stonehenge besorgten ihre Steinklötze aus Südwestwales und Marlborough – die Steinmetze der Osterinsel hievten ihre fix und fertigen Monsterstatuen aus einem weit entfernten Steinbruch an den Aufstellungsort, und die Frage, woher einige der Monolithen in Tiahuanaco kommen, weiß niemand zu beantworten. Ein seltsames

Völkchen müssen unsere Altvorderen schon gewesen sein; sie machten es sich wahrlich gern unbequem und bauten ihre Standbilder immer an den unmöglichsten Orten. Aus purer Lust an einem beschwerlichen Leben?

Wir wollen die Künstler unserer großen Vergangenheit nicht für so dumm halten: Sie hätten ihre Tempel und Standbilder genauso gut in unmittelbarer Nähe der Steinbrüche errichten können, wenn ihnen nicht eine alte Überlieferung den Standort ihre Werke vorgeschrieben hätte. Wir sind überzeugt, dass die Inkafestung von Sacsayhuaman nicht von ungefähr über Cuzco errichtet wurde, vielmehr weil eine Überlieferung diesen Platz als heiligen Ort bezeichnete. Wir sind auch überzeugt, dass überall dort, wo die am meisten zurückliegenden Monumentalbauten der Menschheit gefunden wurden, die interessantesten und wesentlichsten Relikte unserer Vergangenheit noch ungehoben im Boden liegen, Relikte übrigens, die durchaus von Wichtigkeit für die weitere und entscheidende Entwicklung heutiger Raumfahrt sein könnten.

Die fremden, unbekannten Raumfahrer, die vor Abertausend Jahren unseren Planeten besuchten, müssen kaum weniger weitsichtig gewesen sein, als wir es heute zu sein glauben. Sie waren davon überzeugt, dass der Mensch eines Tages den Schritt ins Weltall aus eigener Kraft und eigenem Wissen tun würde. Es ist eine banale Tatsache der Universalgeschichte, dass die Intelligenz eines Planeten immer nach Verwandtschaft, nach Leben, nach korrespondierender Intelligenz im Weltall suchte.

Radioastronomen haben in jüngster Zeit die ersten Radioimpulse für fremde Intelligenzen ausgestrahlt. Wann wir Antwort bekommen werden – in zehn, in 15, in 100 Jahren – wissen wir nicht. Wir wissen nicht einmal, welchen Stern wir anpeilen sollen, weil wir nicht ahnen, welcher Planet der interessanteste für uns ist. Wo erreichen unsere Signale fremde, menschenähnliche Intelligenzen? Wir wissen es nicht. Doch spricht vieles dafür, dass fehlende Angaben für unsere Ziele in unserer Erde für uns deponiert sind. Wir bemühen uns um die Überwindung der Schwerkraft; wir experimentieren mit Strahltriebwerken immenser Kraft, mit Elementarteilchen und mit Antimaterie. Tun wir auch genug, um die Angaben zu finden, die in der Erde für uns verborgen sind, damit wir unsere Urheimat endlich bestimmen können?

Nimmt man die Dinge beim Wort, wird vieles, was bisher recht mühsam ins Mosaik unserer Vergangenheit eingesetzt wurde, ziemlich plausibel: nicht nur die relevanten Bezüge in alten Schriften; auch die »harten Tatsachen«, die sich unserem kritischen Blick rund um den Globus darbieten. Schließlich haben wir unseren Verstand, um damit zu denken.

Letzte Erkenntnis des Menschen wird es also sein, zu begreifen, dass seine bisherige Lebensberechtigung und alle seine Bemühungen um Fortschritt darin bestanden, aus der Vergangenheit zu lernen, um reif für die Existenz und den Konnex mit und in dem Weltraum zu werden. Wenn dem so sein wird, muss der klügste und letzte Individualist einsehen, dass aller Aufgabe darin besteht, das Universum zu besiedeln und allen Geist, jede Energie und Erfahrung weiterzutragen. Dann kann die Verheißung der »Götter« wahr werden, dass Frieden auf Erden und der Weg in den Himmel offen sind.

Sobald die verfügbaren Mächte, Kräfte und Intelligenzen in die Weltraumforschung gesteckt werden, wird aus dem Ergebnis der Forschung die Widersinnigkeit der Erdenkriege überzeugend klar werden. Wenn Menschen aller Rassen, Völker und Nationen sich zu der übernationalen Aufgabe vereinen, Reisen zu fernen Planeten technisch durchführbar zu machen, rückt die Erde in solchen Dimensionen mit allen ihren Miniproblemen die richtige Relation zu den Vorgängen im Kosmos.

Okkultisten können ihre Lampen löschen, Alchimisten ihre Schmelztiegel vernichten, geheime Bruderschaften ihre Kutten ausziehen. Jahrtausendelang hervorragend verkaufter Unsinn wird nicht mehr an den Mann zu bringen sein. Öffnet uns das Weltall seine Tore, werden wir in eine bessere Zukunft gelangen.

Wir motivieren anhand der Erkenntnisse, die uns heute zur Verfügung stehen, unsere Skepsis vor der Deutung unserer frühesten Vergangenheit. Wenn wir bekennen, Skeptiker zu sein, so meinen wir das in einem Sinne, den Thomas Mann in den 20er-Jahren in einem Vortrag so formulierte:

»Das Positive am Skeptiker ist, dass er alles für möglich hält!«

KAPITEL IX

Dschungelstädte, nach Kalendern gebaut – Völkerwanderung als Familienausflug? – Ein Gott verpasst sein Rendezvous – Warum sind Observatorien rund? – Rechenmaschinen im Altertum – Ein Stelldichein köstlicher Verrücktheiten

Wenn wir auch betonten, dass es nicht unsere Absicht ist, die Menschheitsgeschichte der letzten 2000 Jahre infrage zu stellen, glauben wir doch, dass griechische und römische Götter und auch die meisten Sagen- und Legendengestalten vom Atem einer sehr fernen Vergangenheit umgeben sind. Seit es Menschen gibt, leben uralte Überlieferungen in den Völkern fort. Auch modernere Kulturen liefern uns Indizien, die in die graue, unbekannte Vergangenheit deuten.

Ruinen in den Dschungeln von Guatemala und Yukatan halten jeden Vergleich mit den ägyptischen Kolossalbauten aus. Die Grundfläche der Pyramide von Cholula – 100 Kilometer südlich der Hauptstadt Mexikos – ist größer als jene der Cheopspyramide. – 50 Kilometer nördlich von Mexiko bedeckt das Pyramidenfeld von Teotihuacan eine Fläche von fast 20 Quadratkilometern, und alle freigelegten Bauwerke sind nach den Sternen ausgerichtet. Der älteste Text über Teotihuacan berichtet uns, dass hier die Götter zusammenkamen und über den Menschen Rat hielten, noch ehe es den *homo sapiens* überhaupt gab!

Wir sprachen schon vom Kalender der Mayas, dem genauesten der Welt; wir lernten die Venusgleichung kennen. Heute ist bewiesen, dass alle Bauwerke in Chichén Itzá, Tikal, Copan oder Palenque nach dem fabelhaften Kalender der Mayas ausgerichtet sind. Man baute eine Pyramide nicht, weil man sie brauchte; man baute Tempel nicht, weil man sie benötigte. Man baute Pyramiden und Tempel, weil der Kalender vorschrieb, alle 52 Jahre eine festgelegte Zahl von Stufen eines Bauwerks zu vollenden. Jeder Stein hat seinen Bezug zum Kalender, jedes vollendete Bauwerk ist astronomisch exakt ausgerichtet.

Was dann aber etwa 600 nach Christus geschah, ist platterdings unbegreiflich! Ein ganzes Volk verließ plötzlich und ohne Grund seine mühevoll und solide erbauten Städte mit den reichen Tempeln, kunstvollen Pyramiden, von Statuen eingesäumten Plätzen und den großzügigen Stadien. Der Dschungel fraß sich durch die Bauten und Straßen, zerbrach das Mauerwerk und produzierte eine ungeheure Ruinenlandschaft. Kein Einwohner kehrte je an die Orte zurück.

Man übertrage einmal dies Ereignis, diese enorme Völkerwanderung, auf das Alte Ägypten: Generationenlang baute man nach den Daten eines Kalenders Tempel, Pyramiden, Städte, Wasserspeicher und Straßen; wunderbare Skulpturen wurden mit primitiven Werkzeugen mühevoll aus Stein gehauen und an den Prunkbauten angebracht; als diese Arbeit von mehr als einem Jahrtausend beendet war, verließ man seinen Wohnort und zog in den unwirtlichen Norden. Ein solcher Vorgang, etwas näher an die uns begreifbaren Zeitläufe herangeholt, scheint undenkbar, weil unsinnig. Je unverständlicher ein Vorgang ist, umso zahlreicher sind Deutungsversuche und vage Erklärungen. Da bot sich zuerst die Version an, die Mayas könnten von fremden Eindringlingen vertrieben worden sein. Wer aber wäre den Mayas, die auf dem Höhepunkt ihrer Zivilisation und Kultur standen, gewachsen gewesen? Nirgends fand sich irgendeine Spur, die auf eine kriegerische Auseinandersetzung schließen lassen könnte. – Durchaus erwägenswert ist der Gedanke, dass ein starker Klimaumschwung die Völkerwanderung ausgelöst haben könnte. Auch diese Lesart findet keine Indizien. Wie sollte sie auch, da der Weg der Mayas von dem Raum des Alten bis zu den Grenzen des Neuen Reiches nur runde 350 Kilometer Luftlinie misst – eine Distanz, die für die Flucht vor einem katastrophalen Klimaumschwung nicht ausgereicht hätte. – Auch die Deutung, eine verheerende Epidemie hätte die Mayas in Bewegung gesetzt, verlangt eine ernsthafte Prüfung. Außer, dass diese Deutung als eine unter vielen angeboten wurde, hat sie nichts, nicht den geringsten Beweis für sich. – Gab es einen Streit der Generationen? Hat sich die junge gegen die alte aufgelehnt? Gab es einen Bürgerkrieg, eine Revolution? Stimmt man einer dieser Möglichkeiten zu, dann wäre evident, dass nur ein Teil der Bevölkerung, nämlich der unterlegene, das Land verlassen hätte, und der siegreiche an den alten Orten geblieben wäre. Untersuchungen an den Ausgrabungsstätten brachten nicht einen Hinweis, dass auch nur ein Maya zurückgeblieben wäre! Das ganze Volk wanderte plötzlich aus, es ließ seine Heiligtümer unbewacht im Dschungel zurück.

Ins Konzert der vielen Meinungen möchten wir eine neue Stimme bringen, eine These, die ebenso wenig bewiesen ist, wie die anderen Deutungen bis heute keine Fakten für sich sprechen lassen können. So viel an Wahrscheinlichkeit, wie sie die anderen Erklärungen in sich haben, muten wir kühnerweise und überzeugtermaßen auch unserem Angebot zu:

Die Vorfahren der Mayas hatten irgendwann zu einer sehr frühen Zeit den Besuch von »Göttern« (in denen wir Raumfahrer vermuten). Da eine Reihe von Indizien die Annahme stützen, sind vielleicht die Vorfahren der amerikanischen Kulturvölker aus dem Alten Orient eingewandert. In der Welt der Mayas gab es aber streng gehütete, heilige Überlieferungen der Astronomie, der Mathematik und des Kalenders! Da die »Götter« ihr Wort gegeben hatten, eines Tages wiederzukommen, hüteten die Priester das überkommene Wissen: Sie schufen eine neue, großartige Religion, die Religion des Kukulkan, der »Fliegenden Schlange«.

Der priesterlichen Überlieferung zufolge wollten die »Götter« zu dem Zeitpunkt wieder vom Himmel kommen, an dem die großen Bauwerke nach den Gesetzen des Kalenderzyklus fertiggestellt waren. Also spornten sie das Volk an, Tempel und Pyramiden nach diesem heiligen Rhythmus zu vollenden, weil das Jahr der Vollendung ein Freudenjahr werden sollte. Der Gott Kukulkan würde dann von den Sternen kommen, die Bauten in seinen Besitz nehmen und fortan wieder unter den Menschen leben.

Das Werk war vollendet, das Jahr der Wiederkehr des Gottes gekommen – doch nichts geschah! Das Volk sang, betete und wartete ein ganzes Jahr lang. Sklaven und Schmuck, Mais und Öl wurden erfolglos geopfert. Aber der Himmel blieb stumm und ohne Zeichen. Kein Himmelswagen erschien, man vernahm weder Rauschen noch fernes Donnern. Nichts, gar nichts geschah.

Geben wir dieser Hypothese eine Chance, dann muss die Enttäuschung der Priester und des Volkes fürchterlich gewesen sein: Die Arbeit von Jahrhunderten war umsonst getan. Zweifel wurden wach. Steckte ein Fehler in den Berechnungen des Kalenders? Würden die »Götter« an einem anderen Ort herniederkommen? War man einem schrecklichen Irrtum erlegen?

Wir müssen wissen, dass das mystische Jahr der Mayas, in dem der Kalender begann, auf das Jahr 3111 vor Christus zurückgeht. Beweise dafür liegen in den Schriften der Mayas vor. Akzeptiert man dieses Datum als erwiesen, dann lag nur eine Spanne von wenigen hundert Jahren bis zum Beginn der ägyptischen Kultur dazwischen. Dies legendäre Alter scheint echt zu sein, weil der so präzise Mayakalender es wiederholt feststellt. Ist dem so, dann macht uns nicht nur der Kalender und nicht nur die Völkerwanderung skeptisch. Denn eine fast neue Tatsache lässt den Wurm des Zweifels nagen.

Erst 1935 wurde in Palenque (Altes Reich) eine Steinzeichnung gefunden, die mit größter Wahrscheinlichkeit den Gott Kukumatz (in Yukatan: Kukulkan) konterfeit. Es bedarf keiner überhitzten Fantasie, auch den letzten Skeptiker zum Nachdenken zu zwingen, wenn man nur ganz unvoreingenommen, ja, naiv, diese Steinzeichnung betrachtet:

Da sitzt ein menschliches Wesen, mit dem Oberkörper vorgeneigt, in Rennfahrerpose vor uns; sein Fahrzeug wird heute jedes Kind als Rakete identifizieren. Das Vehikel ist vorn spitz, geht über in merkwürdig gerillte Ausbuchtungen, die Ansauglöchern gleichen, wird dann breiter und endet am Rumpf in eine züngelnde Feuerflamme. Das Wesen selbst, vornübergeneigt, bedient mit den Händen eine Reihe undefinierbarer Kontrollgeräte und setzt die Ferse des linken Fußes auf eine Art von Pedal. Seine Kleidung ist zweckentsprechend: eine kurze, karierte Hose

Der Tempel der Inschriften von Palenque, Mexico. Im Innern entdeckte man eine steile Treppe, die in eine geheime Kammer tief unter der Pyramide führte. Die Kammer enthielt das Grab eines Fürsten oder hoch geachteten Lehrmeisters. Sein Gesicht war von einer grünen Maske aus Jade bedeckt. *(Quelle: Foto-Archiv Erich von Däniken)*

Das Grab war abgedeckt durch einen mächtigen Monolithen von 3,80 auf 2,20 Meter. In die Monolithenoberfläche ist ein einzigartiges Relief gemeißelt worden. *(Quelle: Foto-Archiv Erich von Däniken)*

Ist wirklich alles, was man mit einem Besuch von Außerirdischen in Verbindung bringt, nur dumme Fantasie? Die Bilder sprechen für sich. Da sitzt, vornüber geneigt, ein Wesen in einer Art »Kapsel« oder Schlitten, mit den Händen bedient es einen Knopf oder einen Hebel. *(Quelle: Foto-Archiv Erich von Däniken)*

mit einem breiten Gurt, eine Jacke mit modernem japanischem Halsausschnitt und dicht abschließende Arm- und Beinbänder. Es würde, in Kenntnis korrespondierender Darstellungen, verwundern, wenn der komplizierte Hut fehlen würde! Er ist da mit Ausbuchtungen und Röhren, wieder eine antennenähnliche Kopfbedeckung. Unser so deutlich dargestellter Raumfahrer ist nicht nur durch seine Pose in Aktion – dicht vor seinem Gesicht hängt ein Gerät, das er starrend und aufmerksam beobachtet. Der Vordersitz des Astronauten ist vom hinteren Raum des Fahrzeugs, in dem man gleichmäßig angeordnete Kasten, Kreise, Punkte und Spiralen sieht, durch Verstrebungen abgetrennt.

Was sagt diese Zeichnung? Nichts? Ist alles, was man zur Raumfahrt in Bezug bringt, wieder nur dumme Fantasie?

Wenn auch das Steinrelief von Palenque in der Kette der Indizien wieder abgewiesen wird, dann allerdings muss man den Willen zur Ehrlichkeit beim Prüfen des Sortiments hervorragender Funde bezweifeln. Man sieht ja doch wohl keine Gespenster, wenn man Vorzeigbares analysiert.

Warum – setzen wir die Sequenz bisher unbeantworteter Fragen fort – bauten die Mayas ihre ältesten Städte im Dschungel, warum nicht an einem Fluss, warum nicht am Meer? Tikal beispielsweise liegt 175 Kilometer Luftlinie vom Golf von Honduras, 260 Kilometer nordwestlich der Bay von Campeche und 380 Luftkilometer nördlich des Pazifischen Ozeans. Den Mayas war der Umgang mit dem Meer fraglos vertraut, erwiesen aus der Fülle von Gegenständen, die aus Korallen, Muscheln und Krustentieren gefertigt wurden. Warum also die »Flucht« in den Dschungel? Warum baute man Wasserreservoire, wenn man nahe beim Wasser hätte siedeln können? Allein in Tikal gibt es 13 Wasserspeicher mit einem Fassungsvermögen von 154 310 Kubikmetern. Warum musste unbedingt hier und nicht an einem »logischer« gelegenen Ort gelebt, gebaut, gearbeitet werden?

Im Norden gründeten die enttäuschten Mayas nach ihrem großen Treck ein neues Reich. Und wieder entstanden nach den vorbestimmten Daten des Kalenders Städte, Tempel und Pyramiden. Um eine Vorstellung von der Genauigkeit des Mayakalenders zu vermitteln, seien hier die Zeitperioden notiert:

20 kins	= 1 uinal oder 20 Tage
18 uinals	= 1 tun oder 360 Tage
20 tuns	= 1 katun oder 7200 Tage
20 katuns	= 1 baktun oder 144 000 Tage
20 baktuns	= 1 pictun oder 2 880 000 Tage

20 pictuns = 1 calabtun oder 57 600 000 Tage
20 calabtuns = 1 kinchiltun oder 1 152 000 000 Tage
20 kinchiltuns = 1 alautun oder 23 040 000 000 Tage.

Aber nicht nur die steingewordenen Treppen aus Kalenderdaten ragen über das grüne Dach des Dschungels – es wurden auch Observatorien errichtet!

Das Observatorium von Chichén ist der erste und älteste Rundbau der Mayas. Selbst heute noch wirkt das restaurierte Bauwerk wie ein modernes Observatorium. Auf drei Terrassen erhebt sich der Rundbau weithin über den Dschungel; im Innern führt eine Wendeltreppe zum obersten Ausguck; in der Kuppel sind Luken und Öffnungen nach den Sternen ausgerichtet, sodass sich nachts ein eindrucksvolles Bild des gestirnten Himmels darbietet. Die Außenwände tragen Masken des Regengottes … und die Darstellung einer menschlichen Figur mit Flügeln.

Freilich ist das Interesse der Mayas an der Astronomie keine ausreichende Motivation für unsere Hypothese einer Korrespondenz mit Intelligenzen auf fremden Planeten. Die Fülle bisher unbeantworteter Fragen ist verwirrend: Woher kannten die Mayas Uranus und Neptun? … Warum sind die Ausgucke im Observatorium von Chichén nicht auf die hellsten Sterne ausgerichtet … Was besagt die Steinzeichnung des raketenfahrenden Gottes in Palenque? … Was für einen Sinn hatte der Mayakalender mit seinen Berechnungen für 400 Millionen Jahre? … Woher nahmen sie die Kenntnis für Berechnungen des Sonnen- und Venusjahres bis auf vier Kommastellen? … Wer vermittelte die unfasslichen astronomischen Kenntnisse? – Ist jedes Faktum für sich ein zufälliges Produkt des Mayageistes oder steckt hinter jedem Faktum und erst recht hinter allen Fakten vereint viel mehr, vielleicht eine grundstürzende Botschaft für eine von damals aus betrachtet fernste Zukunft?

Geben wir alle Tatsachen in ein Sieb und trennen großzügig die Spreu vom Weizen, dann bleiben so erschreckend viele Ungereimtheiten, so viele »Unmöglichkeiten« übrig, dass die Forschung eine rapide Initialzündung für große, neue Anstrengungen, die Vielzahl der Rätsel wenigstens teilweise zu lösen, bekommen müsste. Denn in unserer Zeit sollte sich die Forschung nicht mehr mit sogenannten »Unmöglichkeiten« zufriedengeben.

Wir müssen noch eine grausige Geschichte erzählen, eine Geschichte vom Sacred Well, dem heiligen Brunnen von Chichén Itzá. Edward Herbert Thompson baggerte aus dem stinkenden Schlamm dieses Brunnens nicht nur Schmuck und Kunstgegenstände, sondern auch

Das Observatorium von Chichén Itzá, genannt El Caracol, ist ein monumentales Zeugnis der astronomischen Kenntnisse der Mayas. Sie konnten das Venusjahr bereits bis auf vier Stellen hinter dem Komma genau errechnen. Woher hatten sie ihr Wissen? *(Quelle: Foto-Archiv Erich von Däniken)*

die Skelette von Jünglingen und Jungfrauen. Aus alten Berichten schöpfend, behauptete Diego de Landa, die Priester wären in Zeiten der Dürre zum heiligen Brunnen gepilgert, um den Zorn des Regengottes zu besänftigen, indem sie in einer feierlichen Zeremonie Mädchen und Knaben in den Brunnen warfen.

Was de Landa behauptete, bewies Thompson mit seinen Funden. Eine grausliche Geschichte, die aus der Tiefe des Brunnens wieder Fragen ans Licht hebt: Wie entstand dieses Wasserloch? … Warum wurde dieser Teich zum heiligen Brunnen erklärt? … Warum gerade dieser Teich, denn es gibt einige seiner Art?

Kaum 70 Meter vom Mayaobservatorium entfernt, gibt es, im Dschungel verborgen, das genaue Abbild des heiligen Brunnens von Chichén Itzá. Von Schlangen, giftigen Tausendfüßlern und lästigen Insekten bewacht, hat das Loch die gleichen Maße wie der »echte« Brunnen, die senkrechten Wände sind genauso verwittert und verwachsen und überwuchert vom Dschungel. Sie gleichen sich auf frappante Weise, diese beiden Brunnen, sogar in der Höhe des Wasserspiegels, und die Wasser in beiden Brunnen schillern vom Grünen ins Braune und

Die Stufenpyramide von Chichén Itzá. Jede Stufe des Bauwerks entspricht einem Kalendertag. Am 21. März steigt Gott Kukulkan jedes Jahr – auch heute noch! – die Treppen zum Volk hernieder. *(Quelle: Foto-Archiv Erich von Däniken)*

Blutrote. Fraglos sind beide Brunnen von gleichem Alter, und möglicherweise verdanken beide ihre Existenz den Einschlägen von Meteoriten. Die heutige Forschung spricht indes immer nur von dem heiligen Brunnen von Chichén Itzá; der zweite, so ähnliche Brunnen passt nicht ins Konzept, obwohl beide Teiche 900 Meter von der Spitze der größten Pyramide, dem Castillo, entfernt sind. Diese Pyramide gehört dem Gott Kukulkan, der »Fliegenden Schlange«.

Die Schlange ist ein Symbol fast aller Mayabauten. Das ist erstaunlich, denn ein Volk, das von einer üppigen, wuchernden Flora umgeben ist, sollte doch eigentlich auch Blumenmotive auf den Steinzeichnungen hinterlassen haben. Aber es fand sich bisher kein Blumenmotiv. Die ekelhafte Schlange jedoch begegnet uns allerorts. Die Schlange windet sich seit Urzeiten in Staub und dampfenden Boden. Warum bedachte man sie mit der Fähigkeit, fliegen zu können? Urbild des Bösen, ist die Schlange zum Kriechen verdammt. Wie kann man diese widerliche Kreatur als Gott verehren, und weshalb kann sie auch noch fliegen? Bei den Mayas konnte sie es. – Der Gott Kukulkan (= Kukumatz) entspricht vermutlich der Figur des späteren Gottes Quetzalcoatl. Was weiß die Mayalegende über diesen Quetzalcoatl? Er kam aus einem fremden Land der aufgehenden Sonne in einem weißen Gewand, und er trug einen Bart. Er hat das Volk alle Wissenschaften, Rechte, Künste und Gebräuche gelehrt und sehr weise Gesetze erlassen. Man rühmt, dass unter seiner Führung die Maisähren zu Mannesgröße gediehen und dass die Baumwolle farbig wuchs. Als Quetzalcoatl seine Mission erfüllt hatte, wanderte er, unterwegs seine Lehre predigend, zum Meer zurück, um dort ein Schiff zu besteigen, das ihn zum Morgenstern fuhr. Es wird uns fast peinlich, noch zu erwähnen, dass auch der bärtige Quetzalcoatl wiederzukommen versprach.

Selbstverständlich fehlt es nicht an Deutungen für die Erscheinung des klugen alten Herrn. Man dichtet ihm eine Art Messias-Rolle an; freilich, denn ein Mann mit Bart ist in diesen Breitengraden nichts Alltägliches. Es gibt sogar eine kühne Version, die im alten Quetzalcoatl einen Jünger Jesu vermutet! Uns vermag das nicht zu überzeugen. Wer immer aus der alten Welt die Mayas erreichte, kannte das Rad, das Mensch und Dinge fortbewegt. Wäre es für einen Weisen, einen Gott wie Quetzalcoatl, der als Missionar, Gesetzgeber, Arzt und Ratgeber in vielen Dingen des Lebens erschien, nicht das Nächstliegende gewesen, die armen Mayas vor allem im Gebrauch des Rades und des Wagens zu unterweisen? Tatsächlich gebrauchten die Mayas nie einen Wagen, sie benutzten keine Räder.

Vollenden wir die Verwirrung der Geister durch ein Kompendium von Verrücktheiten aus grauer Vorzeit!

Auf der Höhe von Antikythera fanden griechische Schwammtaucher im Jahre 1900 ein altes Wrack, das mit Marmor- und Bronzestatuen beladen war. Die Kunstschätze wurden sichergestellt, und spätere Untersuchungen ergaben, dass das Schiff etwa zur Zeit Christi untergegangen sein muss. Unter all dem Plunder fand sich beim Sortieren ein formloser Klumpen, der sich als bedeutender denn alle Statuen zusammengenommen erwies. Behandelt und sorgsam präpariert, entdeckte man eine Bronzeplatte mit Kreisen, Inschriften und Zahnrädern und wusste bald, dass die Inschriften in einem Zusammenhang mit der Astronomie stehen mussten. Es entpuppte sich, als die vielen Einzelteile gesäubert waren, eine seltsame Konstruktion, eine regelrechte Maschine mit beweglichen Zeigern, komplizierten Skalen und beschrifteten Metallplatten. Die rekonstruierte Maschine verfügt über mehr als 20 Rädchen, über eine Art von Differenzialgetriebe und über ein Kronenrad. Auf einer Seite befindet sich eine Welle, die, sobald sie sich dreht, alle Skalen mit unterschiedlichen Geschwindigkeiten in Bewegung setzt. Die Zeiger sind durch Bronzeklappen geschützt, auf denen sich lange Inschriften lesen lassen.

Gibt es angesichts dieser »Maschine von Antikythera« noch geringste Zweifel darüber, dass im Altertum erstklassige Feinmechaniker am Werk waren? Überdies ist die Maschine so kompliziert, dass sie wahrscheinlich nicht das erste Modell ihrer Art war. Der amerikanische Professor Solla Price interpretierte den Apparat als eine Art Rechenmaschine, mit deren Hilfe sich die Bewegungen des Mondes, der Sonne und wahrscheinlich auch weiterer Planeten berechnen ließen.

Es ist nicht so wichtig, dass die Maschine ihr Herstellungsjahr mit 82 vor Christus meldet. Interessanter wäre es, herauszubekommen, wer das erste Modell dieser Maschine konstruierte, dieses Planetarium im Kleinformat!

Der Hohenstaufen-Kaiser Friedrich II. soll, wie berichtet wird, anno 1229 vom Fünften Kreuzzug ein ganz ungewöhnliches Zelt aus dem Morgenland mitgebracht haben: Im Innern des Zeltes habe ein Uhrwerk gestanden und durch das kuppelförmige Dach des Zeltes habe man die Sternbilder in Bewegung gesehen! Wieder einmal ein Planetarium aus dem Altertum … Wir akzeptieren seine damalige Existenz, weil uns bekannt ist, dass die handwerklichen Voraussetzungen gegeben waren. Uns irritiert die Idee eines Planetariums, denn zur Zeit Christi gab es die Vorstellung des Fixsternhimmels unter Berücksichtigung der Erdrotation noch nicht. – Selbst die kenntnisreichen chinesischen und arabischen Astronomen des Altertums geben uns für diese unerklärliche Tatsache keine Hilfe, ja, und Galileo Galilei wurde unbestritten erst 1500 Jahre später geboren … Wer nach Athen kommt, sollte sich die »Maschine von Antikythera« nicht entgehen lassen; sie steht im Nationalarchäologischen Museum. Über das Zeltplanetarium Friedrich II. gibt es lediglich schriftliche Berichte.

Mag das Altertum grau gewesen sein, es hinterließ uns spaßige Dinge:

3800 Meter über dem Meeresspiegel wurden an den Felsen des Wüstenplateaus von Marcahuasi Schemen von Tieren gefunden, die es vor 10 000 Jahren in Südamerika gar nicht gab – Kamele und Löwen.

Ingenieure fanden in Turkestan halbkreisförmige Gebilde aus einer Art von Glas oder Keramik. Herkunft und Bedeutung sind den Archäologen schleierhaft.

Im Death Valley in der Wüste Nevada gibt es Ruinen einer alten Stadt, die durch eine große Katastrophe vernichtet worden sein muss. Heute noch sieht man Spuren von geschmolzenem Felsen und Sand. Die Hitze eines Vulkanausbruchs hätte nicht ausgereicht, Felsen zu schmelzen – überdies hätte die Hitze dann zuerst die Bauten versengt. Lediglich Laserstrahlen erzeugen heute ausreichende Hitzegrade. Seltsamerweise wächst in diesem Gebiet kein Halm mehr.

Hadschar el Guble, der Stein des Südens, im Libanon wiegt zwei Millionen Kilo. Es ist ein bearbeiteter Stein, aber Menschenhände können ihn wohl nicht bewegt haben.

An unzugänglichsten Felswänden in Australien, Peru und Oberitalien gibt es künstlich hergestellte, noch nicht gedeutete Markierungen.

Texte auf Goldplatten, die in Ur in Chaldäa gefunden wurden, berichten von menschenähnlichen »Göttern«, die vom Himmel kamen und die den Priestern die Goldplatten zum Geschenk machten.

In Ländern wie Australien, Frankreich, Indien, dem Libanon, Südafrika, Chile gibt es seltsame schwarze »Steine«, die reich an Aluminium und Beryllium sind. Jüngste Untersuchungen ergaben, dass diese Steine in frühesten Zeiten einem starken, radioaktiven Bombardement und hohen Temperaturen ausgesetzt gewesen sein müssen.

Sumerische Keilschrifttafeln zeigen Fixsterne mit Planeten.

In Russland fand man die Reliefdarstellung eines Luftschiffes, das aus zehn aneinandergereihten Kugeln besteht, die in einem rechtwinkligen Rahmen stehen, der an beiden Seiten von dicken Säulen getragen ist. Auf den Säulen ruhen Kugeln. – Unter russischen Funden gibt es die kleine Bronzestatue eines humanoiden Wesens, das in einem wuchtigen Anzug steckt, der hermetisch mit einem Helm verbunden ist. Schuhe und Handschuhe sind ebenso fest mit dem Anzug verriegelt.

Auf einer babylonischen Tafel kann man im Britischen Museum in London die Mondfinsternisse der Vergangenheit und der Zukunft ablesen.

In Kun-ming, der Hauptstadt der chinesischen Provinz Yün-nan, wurden raketenartige, zylindrische »Maschinen« entdeckt, die in ihrer bildlichen Darstellung himmelwärts steigen. Die Gravierungen fanden sich auf Pyramiden, die bei einem Erdbeben plötzlich aus dem Grund des Kun-ming-Sees auftauchten.

Wie will man uns diese und viele andere Rätsel erklären? Es ist nicht mehr als eine dürftige Ausrede, wenn man die alten Überlieferungen pauschal als falsch, irrig, undeutbar, ohne Bezüge abtun will. Es ist gleichermaßen eine Zumutung, in die Enge getrieben, alle Übersetzungen als mangelhaft zu bezeichnen, sich ihrer jedoch im nämlichen Augenblick zu bedienen, wenn ihre Mitteilungen in den Kram passen. Es scheint uns eine gewisse Feigheit dabei zu sein, wenn man Augen und Ohren lediglich deshalb vor Tatsachen – oder auch Hypothesen – verschließt, weil neue Schlüsse die Menschen aus einem vertraut gewordenen Denkschema reißen könnten.

Enthüllungen geschehen täglich und stündlich in der ganzen Welt. Unsere modernen Verkehrs- und Kommunikationsmittel melden Entdeckungen rund um den Globus. Aus Zufälligkeiten kann, bei rechtem Willen, ein System entwickelt werden.

Wissenschaftler aller Fakultäten sollten ihre forschende Neugier mit gleichem Elan den Meldungen aus der Vergangenheit zuwenden, wie sie schöpferischen Anteil an den Forschungen der Gegenwart nehmen. Das Abenteuer der Entdeckung unserer Vergangenheit ist in der ersten Phase vorbei. Nun beginnt das zweite, faszinierende Abenteuer der Menschheitsgeschichte mit dem Schritt des Menschen in den Kosmos.

KAPITEL X

Hat Raumfahrt Sinn? – Wem nützen die investierten Milliarden? – Krieg oder Raumfahrt? – Was ist mit den viel belächelten fliegenden Untertassen? – Schon vor 60 Jahren gab es eine Kern-explosion – Ist der Marsmond ein künstlicher Satellit?

In der Diskussion ist die Frage, ob die Raumfahrt einen Sinn hat, immer noch nicht verstummt. Eine gewisse oder totale Sinnlosigkeit der Weltraumforschung soll mit der banalen Feststellung bewiesen werden, dass man nicht im All herumforschen soll, solange es auf der Erde noch so viele ungelöste Probleme gibt.

Bemüht, nicht in für den Laien unverständliche Bezirke der wissenschaftlichen Beweisführung zu geraten, sollen hier nur einige, förmlich auf der Hand liegende stichhaltige Gründe für die absolute Notwendigkeit der Weltraumforschung angegeben werden:

Neugier und Wissensdurst stecken von Anbeginn als Antrieb zu dauerndem Forschen im Menschen. Die beiden Fragen: »WARUM geschieht etwas?« und »WIE geschieht es?« sind allezeit Motor der Entwicklung und des Fortschritts gewesen. Der permanenten Beunruhigung, die sie schufen, verdanken wir unseren heutigen Lebensstatus. Moderne bequeme Verkehrsmittel haben uns die Mühsal der Reisen, der noch unsere Großeltern unterlagen, genommen; manche harte körperlicher Arbeit wurde durch Maschinen spürbar gemildert; neue Energiequellen, chemische Präparate, Kühlschränke, vielfältige Haushaltsmaschinen etc. etc. haben uns sogar von manchen, früher nur durch Menschenhand zu bewältigenden, Tätigkeiten völlig befreit. Was die Wissenschaft schuf, geriet nicht zum Fluch, vielmehr zum Segen der Menschheit. Sogar ihr erschreckendstes Kind, die Atombombe, wird der Menschheit zum Heil gereichen.

Heute schafft die Wissenschaft viele ihrer Ziele mit Siebenmeilenstiefeln. Für die Entwicklung der Fotografie benötigte sie, bis zum brauchbaren Bild, noch 112 Jahre. Das Telefon war schon nach 56 Jahren gebrauchsfertig, und für die Entwicklung des Radios bis zum einwandfreien Empfang der Sendungen wurden knappe 35 Jahre wissenschaftlicher Forschung aufgewandt. Für die Perfektionierung des Radars jedoch brauchte man nur noch 15 Jahre! Die Etappen der epochalen Entdeckungen und Entwicklungen werden immer kürzer: Das Schwarz-Weiß-Fernsehen war nach zwölf Jahren Forschung präsentabel, und die Konstruktion der ersten Atombombe brauchte ganze sechs Jahre! Wenige Etappen aus 50 Jahren technischen Fortschritts – großartig und zu Beginn oft erschreckend. Die Stufen der Entwicklung werden immer schneller und immer steiler zum Ziel führen. Die nächsten 100 Jahre werden einen Großteil der ewigen Menschheitsträume realisieren.

Gegen Warnungen und Widerstände bahnte sich der menschliche Geist seinen Weg. Gegen archaische Menetekel, das Wasser sei der Lebensraum des Fisches, die Luft das Element der Vögel, eroberte sich der Mensch die ihm anscheinend nicht zugedachten Räume. Der Mensch fliegt – entgegen allen sogenannten Naturgesetzen-, und in Atom-U-Booten lebt er monatelang unter Wasser. Mit seiner Intelligenz schuf er sich Flügel und Kiemen, die ihm sein Schöpfer nicht zugedacht hat.

Als Charles Lindbergh zu seinem legendären Flug startete, war Paris sein Ziel; es ging ihm freilich nicht darum, nach Paris zu kommen; er wollte beweisen, dass der Mensch allein und ohne Schaden den Atlantik überqueren kann. Das erste Ziel der Raumfahrt ist der Mond. Beweisen aber will diese neue wissenschaftlich-technische Idee, dass der Mensch auch mit dem Weltraum fertig werden kann!

Warum also Raumfahrt?

In nur wenigen Jahrhunderten wird unser Globus rettungslos und hoffnungslos übervölkert sein. Für das Jahr 2050 bereits rechnen die Statistiken mit einer Bevölkerungszahl von 8,7 Milliarden Menschen! Knappe 200 Jahre später werden es bereits 50 Milliarden sein; dann werden folglich 335 Menschen auf einem Quadratkilometer leben müssen. Unausdenkbar! Die Beruhigungspillen ähnlichen Theorien von Nahrung aus dem Meer oder gar Wohnstätten auf dem Meeresgrund werden sich schneller, als kühnsten Optimisten lieb ist, als untüchtige Mittel gegen die Bevölkerungsexplosion erweisen. – Auf der indonesischen Insel Lombok verhungerten in den ersten sechs Monaten des Jahres 1966 über 10 000 Menschen, die in ihrer Verzweiflung versucht hatten, sich durch den Verzehr von Schnecken und Pflanzen am Leben zu erhalten. UNO-Generalsekretär U Thant schätzt die Zahl der in Indien durch Hunger gefährdeten Kinder auf 20 Millionen, ein Symptom für die Richtigkeit der Behauptung von Professor Mohler, Zürich, dass der Hunger nach der Weltmacht greift.

Es ist erwiesen, dass die Nahrungsmittelproduktion der Welt mit dem Bevölkerungswachstum nicht Schritt hält, trotz modernster technischer Hilfsmittel und trotz wichtiger chemischer Düngemittel. Die Gegenwart verdankt der Chemie auch die Präparate zur Geburtenkontrolle. Doch zu was sind sie nutze, wenn die Frauen in den unterentwickelten Ländern keinen Gebrauch davon machen! Denn nur wenn es gelänge, in zehn Jahren, nämlich bis 1980, die Geburtenraten auf die Hälfte zu senken, könnte die Nahrungsmittelproduktion mit dem Bevölkerungszuwachs gleichziehen. Wir können leider an diesen vernünftigen Weg nicht glauben, weil die »Schallmauer« der Vorurteile, angeblich ethischer Motive und religiöser Gesetze weniger schnell zu durchbrechen ist, als das Unheil der Übervölkerung wächst. Ist es menschlicher oder gar gottgewollt, dass Jahr um Jahr Millionen Menschen Hungers sterben, als die armen Kreaturen vor dem Geborenwerden zu schützen?

Doch selbst wenn sich die Geburtenkontrolle eines fernen Tages unter schicksalhaftem Zwang durchsetzen sollte – selbst wenn Anbauflächen vergrößert und mit heute noch unbekannten Hilfen die Erträge vermehrt werden – selbst wenn die Fischerei vervielfacht und Algenfelder auf dem Meeresgrund Nahrung geben – wenn alles dies und noch mehr geschehen wird, ist das Ganze doch nur eine Verzögerung, ein Aufschub vielleicht von 100 Jahren. Der Mensch braucht neuen Lebensraum.

Wir sind überzeugt, dass die Menschen sich eines fernen Tages auf dem Mars ansiedeln werden, und sie werden mit den klimatischen Bedingungen ebenso fertig werden, wie es die Eskimos würden, sollte man sie nach Ägypten verpflanzen. Planeten werden, mit gigantischen Weltraumschiffen erreicht, von unseren Kindeskindern bevölkert werden; sie werden neue Welten kolonisieren, wie in ganz naher Vergangenheit Amerika und Australien besiedelt wurden. Deshalb müssen wir Weltraumforschung betreiben! Wir müssen unseren Enkeln eine Chance zum Überleben hinterlassen! Jede Generation, die diese Aufgabe verpasst, liefert in ferner Zukunft die ganze Menschheit dem Hungertode aus.

Es geht nicht mehr um abstrakte Forschung, die nur den Wissenschaftler interessiert. Und wen eine Verpflichtung für die Zukunft nicht plagt, dem sei gesagt, dass die Resultate der Weltraumforschung uns bereits vor dem dritten Weltkrieg bewahrt haben! Hat nicht die Drohung der totalen Vernichtung die Mächte daran gehindert, Meinungen, Forderungen, Konflikte mit einem großen Krieg zu entscheiden? Es muss kein Russe mehr amerikanischen Boden betreten, um das Land in eine Wüste zu verwandeln, und es muss kein Amerikaner mehr in Russland umkommen, da nach einem Atombombenschlag das Land ohnehin durch Radioaktivität unbewohnbar und unfruchtbar geworden ist. Es mag absurd sein, doch erst die Interkontinentalrakete sicherte uns einen relativen Frieden.

Es wird sogar gelegentlich die Ansicht laut, man sollte die Milliarden, die in die Weltraumforschung gesteckt werden, besser für die Entwicklungshilfe ausgeben. Diese Ansicht ist falsch; die Industrienationen leisten Entwicklungshilfe ja nicht nur aus karitativen oder politischen Gründen; sie geben sie ja, begreiflicherweise, auch, um ihren heimischen Industrien Absatzgebiete zu eröffnen. Die Hilfe, die die unterentwickelten Staaten verlangen, ist – auf Zeit gesehen – unerheblich.

Im Jahre 1966 lebten in Indien schätzungsweise 1,6 Milliarden Ratten, deren jede zirka fünf Kilogramm Lebensmittel im Jahr vertilgt. Doch der Staat darf nicht wagen, diese Rattenpest zu vernichten: Der gläubige Inder hütet die Ratten. Im gleichen Indien laufen 80 Millionen Kühe herum, die weder Milch geben, noch als Zugtiere eingespannt werden noch gar geschlachtet werden dürfen. In einem Land, dessen Entwicklung zur Gegenwart hin durch so viele religiöse Tabus und Gesetze gehindert wird, müssen noch manche Generationen lebensgefährdende Riten, Bräuche und Aberglauben wegräumen. Auch hier dienen die Kommunikationsmittel des Raumfahrtzeitalters dem Fortschritt und der Aufklärung: Zeitungen, Radio, Fernsehen. Die Welt ist näher zusammengerückt. »Man« weiß und erfährt mehr voneinander. Um aber zu der letzten Einsicht zu kommen, dass nationale Grenzen Relikte einer überholten Zeit sind, bedarf es der Raumfahrt. Die durch sie vermehrte Technik wird die Einsicht verbreiten, dass die Winzigkeit von Völkern und Kontinenten im Raum des Universums nur Antrieb und Auftrieb zur gemeinsamen Arbeit an der Weltraumforschung sein kann. In jeder Epoche brauchte die Menschheit eine größere Parole, die über die naheliegenden Probleme hinaus das scheinbar Unerreichbare Wirklichkeit werden ließ.

Ein ganz erheblicher Faktor, der im Industriezeitalter für die Weltraumforschung ein gewichtiges Argument liefert, ist die Entstehung neuer Wirtschaftszweige, in denen Hunderttausende Menschen, die durch Rationalisierung ihren Arbeitsplatz verloren, Brot finden. Die

»Weltraumindustrie« hat in den USA bereits die konjunkturbestimmende Bedeutung der Automobil- und Stahlindustrie übertroffen. Mehr als 4000 neue Artikel verdanken ihre Existenz der Raumforschung; sie sind quasi Abfallprodukte der Forschung für ein übergeordnetes Ziel. Diese Abfallprodukte sind, ohne dass der Verbraucher über die Herkunft eines Artikels nachdenkt, wie selbstverständlich in den Arbeitsalltag eingegangen. Elektronische Rechenmaschinen, Minisender und Miniempfänger, Transistoren in Rundfunk- und Fernsehgeräten wurden am Rande des Forschungsweges ebenso miterfunden wie die Bratpfannen, in denen die Gerichte ohne die Zutat von Fett nicht mehr anbrennen. Präzisionsinstrumente in allen Flugzeugen, vollautomatische technische Überwachungsanlagen und Selbststeuerungsautomaten und nicht zuletzt die rasch fortentwickelten Computer sind Teile der viel verketzerten Weltraumforschung, Teile eines Entwicklungsprogramms, die noch in das private Leben des Einzelnen hineinwirken. Dinge, von denen der Laie nichts ahnt, sind Legion: neue Schweiß- und Schmierverfahren im Hochvakuum, fotoelektrische Zellen und neue, winzige, weite Entfernungen meisternde Energiequellen.

Aus dem Strom von Steuergeldern, der der Weltraumforschung zuströmt, fließen dem Steuerzahler in kleinen Bächlein die Renditen der großen Investition wieder zu. Nationen, die in keiner Form an der Weltraumforschung teilhaben, werden von der virulenten technischen Revolution erdrückt werden. Namen und Begriffe wie *Telstar, Echo, Relay, Trios, Mariner, Ranger, Syncom* sind Markierungen an der Straße der unaufhaltsamen Forschung.

Da die Energievorräte der Erde nicht endlos ausreichen, wird das Raumfahrtprogramm eines Tages auch darum lebenswichtig sein, weil wir spaltbares Material vom Mars, von der Venus oder einem anderen Planeten holen müssen, um unsere Städte beleuchten und unsere Häuser erwärmen zu können. Da Atomkraftwerke bald die billigste aller Energien liefern werden, wird die industrielle Massenproduktion erst recht dann auf diese Werke angewiesen sein, wenn die Erde kein spaltbares Material mehr hergibt. Neue Ergebnisse der Forschung überrollen uns täglich. Die geruhsame Überlieferung von erworbenem Wissen vom Vater auf den Sohn ist für immer passé. Ein Techniker, der ein auf simplen Knopfdruck hin arbeitendes Rundfunkgerät repariert, muss sich in der Technik der Transistoren und in komplizierten, oft nur noch in Kunststoffformen eingedruckten Schaltkreisen auskennen. Es wird nicht mehr lange dauern, bis er sich auch mit neuen, winzigen Bauteilen der Mikroelektronik befassen muss. Was heute dem Lehrling beigebracht wird, wird schon der Geselle durch neues Wissen ergänzen müssen. Und hatte noch der Meister zu Zeiten unserer Großeltern ein für sein ganzes Leben ausreichendes Können, so muss der Meister der Gegenwart und Zukunft dauernd neue Kenntnisse den alten hinzufügen. Was gestern galt, ist morgen überholt.

Wenn auch erst in Jahrmillionen, wird doch unsere Sonne verglühen, sterben. Es bedarf auch nicht jenes schrecklichen Momentes, in dem ein Staatsmann die Nerven verliert und den atomaren Vernichtungsapparat in Gang setzt, um eine Katastrophe auszulösen. Ein nicht bestimmbares und nicht erkennbares kosmisches Ereignis kann den Untergang der Erde herbeiführen. Noch nie aber hat sich der Mensch mit dem Gedanken an eine solche Möglichkeit abgefunden, und sei es, dass er gläubig in einer der vielen tausend Religionen die Hoffnung auf ein Fortleben des Geistes und der Seele suchte.

Darum unterstellen wir, dass die Weltraumforschung nicht Produkt seines freien Entschlusses ist, sondern dass er einem starken, inneren Zwang folgt, indem er die Perspektive seiner Zukunft im Weltall untersucht. Wie wir die Hypothese proklamieren, dass wir im grauen Altertum Besuch aus dem Weltall hatten, nehmen wir auch an, dass wir nicht die einzige Intelligenz im Kosmos vertreten, ja, wir vermuten, dass es ältere, weiter fortgeschrittene Intelligenzen im Universum gibt. Wenn wir nun auch noch behaupten, dass alle Intelligenzen aus eigenem Antrieb Weltraumforschung betreiben, begeben wir uns für einen Augenblick wirklich ins Reich der Utopie, wissend, dass wir in ein Wespennest stechen!

Seit gut 20 Jahren tauchen sie immer wieder auf, die »fliegenden Untertassen«; in der einschlägigen Literatur werden sie UFOs genannt, hergeleitet aus der amerikanischen Bezeichnung *Unidentified Flying Objects*. Die Erregung darüber, dass wir uns mit diesen hirngespinstigen UFOs ernsthaft befassen wollen, mag vorerst abklingen, während wir uns noch mit einem gewichtigen, in der Diskussion um die Berechtigung der Raumfahrt benutzten Argument beschäftigen.

Es wird gesagt, die Raumfahrtforschung sei unrentabel, kein noch so reiches Land könne ohne Gefahr für den Staatsbankrott die ungeheuren Mittel aufbringen. Freilich, Forschung an sich war nie rentabel, erst das Produkt der Forschung rentierte die Investitionen. Unrealistisch erwartet man von der Raumfahrtforschung schon im jetzigen Stadium Rentabilität und Amortisation. Es gibt keine Bilanz über die Rendite aus den 4000 »Abfallprodukten« der Raumforschung. Für uns steht außer Frage, dass sie sich rentieren wird, wie selten ein Produkt der Forschung sich rentierte. Wenn sie am Ziel ist, werden wir nicht nur ihre

Rentabilität haben, sie wird dann im wortwörtlichen Sinne die Rettung der Menschheit vor dem Untergang bringen. Dass bereits eine ganze Serie von COMSAT-Satelliten wirtschaftlich interessant ist, sei nur am Rande vermerkt.

Im November 1967 berichtete der *Stern:*

»Die meisten der medizinischen Rettungsmaschinen kommen aus Amerika. Sie sind das Ergebnis einer systematischen Auswertung der Erfolge von Atomforschung, Weltraumforschung und Militärtechnik. Und sie sind das Produkt eines neuartigen Zusammenwirkens von Industriegiganten und Krankenhäusern in Amerika, das die Medizin fast täglich zu neuen Triumphen führt.

So haben sich die *Starfighter*-Firma *Lockheed* und die berühmte *Mayo*-Klinik zusammengetan, um ein neues System der Krankenpflege auf der Grundlage der Computertechnik zu entwickeln. Die Konstrukteure der Flugzeugfirma *North American Aviation* basteln nach ärztlichen Vorstellungen an einem sogenannten Emphysempartel, der Patienten mit Lungenschäden das Atmen erleichtern soll. Die Weltraumbehörde NASA lieferte die Idee zu diesem Diagnosegerät: Der Apparat, eigentlich dazu erdacht, den Aufprall von Mikrometeoriten auf Weltraumschiffe zu messen, registriert minutiös Muskelzuckungen bei gewissen Nervenkrankheiten.

Ein lebensrettendes Abfallprodukt der amerikanischen Computertechnik war auch der Herzschrittmacher. Über 2000 Deutsche leben heute bereits mit einem derartigen Gerät in der Brust. Es ist ein batteriebetriebener Minigenerator, der unter der Haut angebracht wird. Von ihm aus schieben die Ärzte einen Verbindungsdraht durch die obere Halsvene bis zur rechten Herzkammer vor. Mit regelmäßigen Stromstößen wird dann das Herz zum rhythmischen Zucken angeregt. Es schlägt. Wenn die Batterie des Schrittmachers nach drei Jahren ausgebrannt ist, kann sie in einer relativ einfachen Operation ausgewechselt werden.

Der US-Elektrokonzern *General Electric* verbesserte das kleine Wunderwerk der medizinischen Technik im letzten Jahr, indem er ein Modell mit Zweigangschaltung entwickelte. Will der Träger jenes Schrittmachers Tennis spielen oder im Laufschritt einen Zug erreichen, so streicht er nur einmal kurz mit einem Magnetstift über die Stelle, an der sein Einbaugenerator sitzt. Prompt arbeitet das Herz auf höheren Touren.«

Soweit der *Stern*-Bericht. Auch dies zwei Beispiele für Nebenergebnisse der Weltraumforschung. Wer hat noch den Mut zu sagen, es sei unnütz?

Unter der Überschrift »Anregung durch Mondrakete« berichtet *Die Zeit* in ihrer Ausgabe Nr. 47 vom November 1967:

»Die für weiche Landungen auf dem Mond entwickelten Konstruktionen der Raumfahrzeuge finden inzwischen auch das Interesse von Automobilkonstrukteuren, denn es konnten die Kenntnisse über das Verhalten solcher Konstruktionen unter Bedingungen, die ihre Zerstörung bewirken, inzwischen wesentlich erweitert werden. – Wenn es auch nicht möglich sein wird, Autos für alle Arten von Zusammenstößen sicher für die Insassen zu machen, so könnten die in der Raumfahrt mit bestem Erfolg verwendeten Konstruktionen dazu beitragen, das Risiko bei Kollisionen zu verringern. Hohe Festigkeit bei geringem Gewicht garantieren ›Honigwaben‹-Platten, die im modernen Flugzeugbau immer mehr Verwendung finden. Beim Autobau wird das Verfahren inzwischen ebenfalls praktisch erprobt. Der Fußboden des mit einer Gasturbine angetriebenen Versuchsfahrzeugs von *Rover* besteht aus ›Honey-Combs‹.«

Auf Sprüche wie »Es wird nie möglich sein, von Stern zu Stern zu reisen«, mag der, der den Status und die stürmische Entwicklung der Forschung kennt, gar nicht mehr eingehen. Die junge Generation unserer Zeit wird diese »Unmöglichkeit« noch Realität werden sehen! Man wird riesige Weltraumschiffe mit unvorstellbar starken Triebwerken bauen. Im November 1967 gelang den Russen bereits die Kopplung zweier unbemannter Raumfahrzeuge in der Stratosphäre! – Ein Teil der Forschung arbeitet bereits an einer Art von Schutzschirm – einem elektrischen Lichtbogen ähnlich –, der der eigentlichen Kapsel vorgegliedert ist und der den Aufprall von Teilchen verhindern oder ablenken soll. – Eine Gruppe bedeutender Physiker will die sogenannten Tachyonen nachweisen. Noch handelt es sich um hypothetische Teilchen, die schneller als das Licht fliegen sollen und deren untere Geschwindigkeitsgrenze die Lichtgeschwindigkeit ist. Man weiß, dass Tachyonen existieren müssen; es gilt »nur« noch, den physikalischen Beweis ihrer Existenz zu erbringen. Aber solche Beweise für »Nichtexistentes« wurden ja auch für das Neutrino und die Antimaterie geliefert! – Den letzten Kritikern im Chor der Raumfahrtgegner schließlich sollte man entgegenhalten: Glauben Sie denn wirklich, dass einige tausend der vielleicht klügsten Männer unserer Zeit ihre passionierte Arbeit an eine pure Utopie oder ein unwichtiges Ziel verschwenden würden?

Beschäftigen wir uns also mutig und auf die Gefahr hin, nicht ernst genommen zu werden, mit den UFOs. Wenn wir nicht ernst genommen werden, befinden wir uns – das ist ein guter Trost – mit unseren Überlegungen in einem Kreis hochachtbarer, berühmter Leute.

UFOs wurden in Amerika wie über den Philippinen, über Westdeutschland wie über Mexiko gesichtet. Nehmen wir an, dass 98 Prozent der Leute, die meinten, UFOs gesehen zu haben, in Wirklichkeit Kugelblitze, Wetterballons, eigenartige Wolkenbildungen, neue, unbekannte Flugzeugtypen oder auch seltsame Spiele von Licht und Schatten am Dämmerhimmel wahrnahmen. Fraglos wurden auch ganze Scharen von Menschen von einer Massenhysterie ergriffen: Sie behaupteten, etwas gesehen zu haben, was gar nicht da war. Und natürlich waren auch Wichtigmacher dabei, die aus einer angeblichen Beobachtung Kapital schlagen und in der Saure-Gurken-Zeit Schlagzeilen für die Presse liefern wollten. Zieht man alle Spinner, Lügner, Hysteriker und Sensationsmacher ab, dann bleibt doch eine beträchtliche Gruppe nüchterner und sogar mit den Dingen fachmännisch vertrauter Beobachter übrig. Mag eine einfache Hausfrau sich geirrt haben wie ein Farmer im Wilden Westen. Wenn aber beispielsweise eine Beobachtung von UFOs durch einen erfahrenen Flugkapitän gegeben wird, tut man sich schwer, das als Humbug abzutun. Denn ein Flugkapitän ist mit Luftspiegelungen, Kugelblitzen, Wetterballons usw. vertraut; er wird in regelmäßigem Turnus auf die Reaktionsfähigkeit aller seiner Sinne, also auch die hervorragende Tauglichkeit seiner Augen, hin untersucht; er darf einige Stunden vor dem Flug und während des Fluges keinen Alkohol genießen; ein Flugkapitän hat kein Interesse daran, Fliegerlatein zu erzählen, weil er nur allzu leicht seinen schönen, gut dotierten Job verlieren würde. Erzählt aber nicht nur ein Flugkapitän, sondern eine ganze Gruppe von Flugzeugführern (darunter Militärflieger) die gleiche Geschichte, dann muss man doch wohl hinhören.

Wir wissen auch nicht, was UFOs sind; wir behaupten nicht, dass es sich erwiesenermaßen um Flugobjekte fremder Intelligenzen handelt, wiewohl wenig gegen diese Mutmaßung einzuwenden wäre. Leider hat der Autor auf seinen weltweiten Reisen rund um den Globus nie ein UFO mit eigenen Augen beobachten können. Aber wir können hier einige glaubwürdige, verbürgte Berichte wiedergeben:

Am 5. Februar 1965 gab das amerikanische Verteidigungsministerium bekannt, dass die Sonderabteilung für UFOs beauftragt worden sei, Berichte von zwei Radaroperateuren zu überprüfen. Die beiden Männer hatten am 29. Januar 1965 auf ihren Radarschirmen auf dem Marineflugplatz in Maryland zwei unbekannte Flugobjekte ausgemacht, die sich dem Flugplatz von Süden her mit der enormen Geschwindigkeit von 7680 Stundenkilometern näherten. 50 Kilometer über dem Flugplatz machten die Objekte eine scharfe Kurve und verschwanden rasch wieder aus dem Radarbereich.

Am 3. Mai 1964 beobachteten verschiedene Leute, darunter drei Meteorologen, in Canberra (Australien) ein großes, hell strahlendes Flugobjekt, das in nordöstlicher Richtung über den Morgenhimmel zog. Bei einer Befragung durch Delegierte der NASA schilderten die Augenzeugen, wie das »Ding« merkwürdig getaumelt habe und wie ein kleineres Objekt auf das große zugeschossen sei. Das kleine Objekt sei rötlich aufgeglüht und dann verloschen, während das große »Ding« zielstrebig in nordöstlicher Richtung den Blicken entschwunden sei. Einer der Meteorologen resignierte: »Ich habe immer diese UFO-Geschichten lächerlich gemacht. Was soll ich nun sagen, nachdem ich so ein Ding selbst gesehen habe?«

Am 23. November 1953 wurde auf dem Radarschirm der Kinross-Luftbasis in Michigan ein unbekanntes Flugobjekt festgestellt. Fliegerleutnant R. Wilson, der sich mit einer F-86-Düsenmaschine auf einem Übungsflug befand, erhielt Erlaubnis, das »Ding« zu verfolgen. Die Radarmannschaft beobachtete, wie Wilson dem unbekannten Objekt 160 Meilen nachjagte. Plötzlich verschmolzen auf dem Radarschirm beide Flugkörper ineinander. Funkrufe an Leutnant Wilson blieben unbeantwortet. Der Raum, in dem das unerklärliche Ereignis stattfand, wurde an den folgenden Tagen von Suchtrupps nach Wrackteilen abgekämmt, der nahe gelegene »Obere See« nach Ölspuren durchforscht. Man fand nichts. Es fand sich von Leutnant Wilson und seiner Maschine keine Spur!

Am 13. September 1965 begegnete der Polizeisergeant Eugene Bertrand auf einer Umgehungsstraße von Exeter (New Hampshire, USA) kurz vor ein Uhr nachts einer verstörten Dame am Steuer ihres Wagens. Die Dame weigerte sich weiterzufahren und behauptete, ein riesiger, rot leuchtender Flugkörper habe sie über zehn Meilen bis zur Umleitung 101 verfolgt und sei dann im Wald verschwunden.

Der Polizist, ein älterer, sachlich denkender Mann, dachte sich noch, dass die Dame wohl ein bisschen spinne, als er im Funk seines Wagens von einer anderen Patrouille die gleiche Meldung hörte. Vom Hauptquartier aus befahl sein Kollege Gene Toland, er solle sofort zur Zentrale zurückkommen. Dort erzählte ihm ein junger Mann die gleiche Geschichte, die ihm die Dame berichtet hatte, auch er sei vor einem rötlich glühenden Ding in den Straßengraben geflüchtet.

Nur widerwillig gingen die Männer auf eine Streifenfahrt, fest überzeugt, dass der ganze Quatsch eine vernünftige Erklärung finden würde.

Zwei Stunden lang suchten sie die Gegend ab, dann machten sie sich auf den Heimweg. Sie kamen an einer Weide vorbei, auf der sechs Pferde standen, die plötzlich wild davonstoben. Fast gleichzeitig wurde die Gegend in glutrotes Licht getaucht. »Da! Sehen Sie da!«, rief ein junger Polizist. Über den Bäumen schwebte tatsächlich ein feurig-rotes Objekt, das sich langsam und lautlos auf die Beobachter zubewegte. Über Telefon teilte Bertrand seinem Kollegen Toland erregt mit, dass er eben das verdammte Ding mit eigenen Augen sehe. Nun waren auch die an der Straße gelegene Farm und die umliegenden Hügel in gleißend rotes Licht getaucht. Ein zweites Polizeiauto mit dem Sergeanten Dave Hunt hielt quietschend neben den Männern.

»Damned!«, stotterte Dave. »Ich hörte dich und Toland im Funk miteinander herumschreien. Ich dachte, die sind übergeschnappt … Aber das da!«

Zu der später durchgeführten Untersuchung des rätselhaften Vorganges meldeten sich 58 qualifizierte Augenzeugen, darunter waren Meteorologen und Angehörige der Küstenwache, Männer also, die als nüchterne Beobachter kaum verdächtig sind, einen Wetterballon nicht von einem Helikopter, einen abstürzenden Satelliten nicht von den Positionslichtern eines Flugzeuges unterscheiden zu können. Der Bericht enthielt sachliche Angaben, ohne eine Erklärung für das unbekannte Flugobjekt zu geben.

Am 5. Mai 1967 entdeckte der Gemeindevorsteher von Marliens an der Côte d'or, Monsieur Malliotte, in einem 623 Meter von der Straße entfernt gelegenen Kleefeld ein seltsames Loch; er fand Spuren eines Kreises von fünf Metern Durchmesser und 30 Zentimetern Tiefe. Von diesem Kreis aus führten zehn Zentimeter tiefe Furchen in alle Richtungen; man hatte den Eindruck, dass ein schweres Metallgitter sich in den Boden gedrückt hatte. Am Ende der Furchen fand man 35 Zentimeter tiefe Löcher, womöglich durch »Füße« am Ende des Metallgitters in den Boden eingedrückt. Von besonderer Merkwürdigkeit blieb der feine, violett-weiße Staub, der in den Furchen und Löchern abgelagert war. Wir haben diese Stätte bei Marliens selbst überprüft: Gespenster können diese Spuren nicht hinterlassen haben!

Was soll man von diesen Berichten halten? Betrüblich ist, was viele Menschen und ganze okkulte Vereine aus ihren angeblichen Beobachtungen machen. Sie vernebeln nur die Sicht auf die Realitäten. Und hindern ernsthafte Wissenschaftler daran, sich mit den belegten Phänomenen zu beschäftigen, weil sie fürchten, sich der Gefahr der Lächerlichkeit auszusetzen.

In einer Sendung des Zweiten Deutschen Fernsehens am 6. November 1967 zu dem Thema »Invasion aus dem Kosmos?« berichtete ein Flugkapitän der deutschen Lufthansa von einem Ereignis, dessen Augenzeugen er selbst und vier Mann der Besatzung waren: Am 15. Februar 1967, etwa zehn bis 15 Minuten vor der Landung in San Francisco, sahen sie in nur geringer Entfernung von ihrer Maschine ein Flugobjekt von etwa zehn Metern Durchmesser, das grell leuchtete und eine Weile neben ihnen her flog. Sie gaben ihre Beobachtungen an die Universität Colorado weiter, die, in Ermangelung einer besseren Erklärung, in dem Flugobjekt ein herabfallendes Stück von einer gestarteten Rakete vermutete. Der Flugkapitän erklärte, dass er nach über zwei Millionen Kilometern Flugerfahrung ebenso wenig wie seine Kollegen glauben könnte, dass sich ein herabfallendes Metallstück eine Viertelstunde in der Luft halten könne, solchen Umfang habe und mitfliegen könne; er glaube diese Erklärung um so weniger als von der Erde aus dieser nicht identifizierte Flugkörper fast drei viertel Stunden lang zu beobachten gewesen sei. Der deutsche Flugkapitän machte wahrhaftig nicht den Eindruck eines Fantasten!

Zwei Meldungen aus der *Süddeutschen Zeitung,* München, vom 21. und 23. November 1967:

»Belgrad (Eigener Bericht)

Unbekannte Flugobjekte (UFOs) werden seit einigen Tagen über verschiedenen Gebieten Südosteuropas gesichtet. Am Wochenende fotografierte ein Amateurastronom in Agram drei dieser leuchtenden Himmelsdinger. Aber während die Experten noch dieses von jugoslawischen Zeitungen mehrspaltig gedruckte Foto begutachteten, werden bereits aus dem Berggebiet Montenegros neue UFOs gemeldet, die mehrfach sogar Waldbrände verursacht haben sollen. Diese Berichte kommen vor allem aus der Ortschaft Ivangrad, wo Einwohner steif und fest behaupten, in den letzten Tagen allabendlich sonderbare und hell erleuchtete Himmelskörper beobachtet zu haben. Die Behörden bestätigen zwar, dass es in diesem Gebiet mehrfach zu Waldbränden gekommen sei, können aber bisher keine Ursache für deren Entstehen angeben.«

»Sofia (UPI)

Über der bulgarischen Hauptstadt Sofia ist ein UFO aufgetaucht. Wie die bulgarische Nachrichtenagentur BTA meldete, war das UFO auch mit bloßem Auge zu erkennen. Laut BTA war der Flugkörper ›größer als die Sonnenscheibe und nahm später die Form eines Trapezes an‹.

Der Flugkörper soll stark gestrahlt haben. Das Flugobjekt wurde auch von einem Teleskop in Sofia beobachtet. Ein wissenschaftlicher Mitarbeiter des bulgarischen Instituts für Hydrologie und Meteorologie sagte, dass sich der Flugkörper wahrscheinlich aus eigener Kraft bewegt habe. Er sei vermutlich etwa 30 Kilometer über der Erde geflogen.«

Der seriösen Forschung verbauen Menschen von grenzenloser Dummheit den Weg: Da gibt es »Kontaktler«, die behaupten, mit außerirdischen Wesen Verbindung zu haben; es gibt Gruppen, die aus den bislang nicht geklärten Erscheinungen fantastische religiöse Ideen entwickeln oder spinnöse Weltanschauungen daraus machen oder sogar behaupten, von UFO-Besatzungen Befehle zur Rettung der Menschheit bekommen zu haben. Bei den religiösen Fanatikern kommt der ägyptische »UFO-Engel« selbstverständlich von Mohammed, der asiatische von Buddha und der christliche im Zweifelsfalle direkt von Jesus.

Auf dem 7. Internationalen Weltkongress der UFO-Forscher im Herbst 1967 bezeichnete Professor Hermann Oberth, den man als »Vater der Raumfahrt« bezeichnet und der Lehrer Wernher von Brauns war, die UFOs noch »als außerwissenschaftliches Problem«; wahrscheinlich aber, so sagte Oberth, seien die UFOs »Raumschiffe von fremden Welten«, und betonte wörtlich: »Offenbar sind die Wesen, die sie steuern, uns in der Kultur weit voraus, und wenn wir es gescheit anstellen, können wir viel von ihnen lernen.« Oberth, der die Raketenentwicklung auf der Erde richtig prognostizierte, vermutet auf den äußeren Planeten des Sonnensystems die Voraussetzungen für eine Urzeugung. Oberth, ein Mann der Forschung, verlangt, dass sich auch seriöse Wissenschaftler mit zunächst fantastisch anmutenden Problemen beschäftigen sollten: »Die Gelehrten benehmen sich wie gestopfte Gänse, die nichts mehr verdauen wollen. Neue Ideen lehnen sie einfach als Unsinn ab!«

Unter der Überschrift »Später Verdacht« berichtete *Die Welt* am 17. November 1967:

»Jahrelang haben die Sowjets die westliche Hysterie über fliegende Untertassen belächelt. In der *Prawda* gab es vor nicht allzu langer Zeit offizielle Dementis, dass es solche seltsamen Himmelsgefährte gäbe. Jetzt ist der Luftwaffengeneral Anatolij Stoljakow zum Direktor eines Ausschusses ernannt worden, der alle Berichte über UFOs untersuchen soll. Die Londoner *Times* schreibt dazu: ›Ob UFOs nun die Produkte kollektiver Halluzinationen sind, ob sie von Venusbesuchern herrühren oder als göttliche Offenbarung zu verstehen sind – es muss eine

Erklärung für sie geben, sonst würden die Russen nie einen Untersuchungsausschuss ins Leben rufen.«

Das spektakulärste und rätselhafteste Ereignis um das Phänomen »Materie aus dem Weltall« ereignete sich um 7 Uhr 17 Minuten am Morgen des 30. Juni 1908 in der sibirischen Taiga: Ein Feuerball zog über den Himmel und verlor sich in der Steppe. Reisende, die mit der transsibirischen Eisenbahn unterwegs waren, beobachteten eine leuchtende Masse, die von Süden nach Norden zog. Ein Donnerschlag erschütterte den Zug, Explosionen erfolgten, und die meisten seismografischen Stationen der Welt registrierten eine deutliche Erschütterung. In Irkutsk – 900 Kilometer vom Bebenzentrum entfernt – pendelte der Ausschlag des Seismografen annähernd eine Stunde lang. Im Umkreis von 1000 Kilometern hörte man es krachen. Ganze Rentierherden wurden vernichtet, Menschen, Nomaden, wurden mit ihren Zelten in die Luft gewirbelt.

Erst 1921 begann Professor Kulik Augenzeugenberichte zu sammeln; schließlich gelang es ihm auch, Geldmittel für eine wissenschaftliche Expedition in diese dünn besiedelten Gebiete der Taiga zu sammeln.

Als dann im Jahre 1927 die Expedition die steinige Tunguska erreichte, war sie überzeugt gewesen, den Krater eines riesigen Meteoreinschlages zu finden. Ihre Vermutung entpuppte sich als Irrtum. Schon 60 Kilometer vom Explosionszentrum entfernt, sah man die ersten Bäume ohne Wipfel. Je näher man an den kritischen Punkt herankam, umso kahler wurde die Gegend. Da standen Bäume wie rasierte Telegrafenmasten; im Umkreis des Zentrums waren die stärksten Bäume noch nach außen geknickt. Schließlich fand man Spuren eines riesigen Brandes. Weiter nach Norden vordringend, gewann die Expedition die Überzeugung, dass hier eine gewaltige Explosion stattgefunden haben musste. Als man in einem Sumpfgebiet auf Löcher aller Größenordnungen stieß, vermutete man Einschläge des Meteoriten; man grub und bohrte in dem Sumpfgebiet, ohne auch nur irgendeinen Rest, ein Eisenstück, einen Nickelrest, einen Steinbrocken zu finden. Zwei Jahre später wurde mit größeren Bohrgeräten und technischen Hilfsmitteln die Suche fortgesetzt. Bis 36 Meter bohrte man in die Tiefe: Keine Spur irgendwelchen Meteoritenmaterials fand sich.

Es wurden empfindliche Geräte, die geringste Mengen von Metall im Boden anzeigen, herangeschafft. Alles blieb ohne Resultat. – Trotzdem musste an dieser Stelle etwas explodiert sein, weil Tausende es sahen und Tausende es hörten.

1961 und 1963 wurden im Auftrag der Sowjetischen Akademie der Wissenschaften zwei weitere Expeditionen in die Tunguska geschickt. Die Expedition von 1963 stand unter Leitung des Geophysikers Solotow. Diese, nun mit dem allermodernsten technischen Rüstzeug ausgestattete Wissenschaftlergruppe kam zu dem Schluss, dass es sich bei der Explosion in der sibirischen Tunguska um eine Kernexplosion gehandelt haben muss.

Die Art einer Explosion lässt sich bestimmen, wenn mehrere physikalische Größenordnungen, die die Explosion verursachten, bekannt sind. Eine dieser Größen bei der Tunguska-Explosion wurde in der Menge der Lichtenergie, die ausgestrahlt wurde, übermittelt. In der Taiga, 18 Kilometer vom Kern der Explosion entfernt, wurden Bäume gefunden, die im Augenblick der Explosion Lichtstrahlungen ausgesetzt waren und dadurch entzündet wurden. Ein grünender Baum kann aber nur dann Feuer fangen, wenn der Anfall an Lichtenergie pro Quadratzentimeter etwa 70 bis 100 Kalorien beträgt. Der Explosionsblitz war jedoch so hell, dass er noch auf Distanzen von 200 Kilometern vom Epizentrum entfernt Sekundärschatten warf!

Aus solchen Messungen ergab sich, dass die Lichtenergie der Explosion um $2{,}8 \times 10^{23}$ erg gelegen haben muss. (In Klammern erklärt: Das Erg gilt in der Naturwissenschaft als sogenanntes »Maß der Arbeit«. Ein Käfer der Masse ein Gramm wendet die Arbeit von 981 erg auf, wenn er an einer Mauer einen Zentimeter hochklettert.)

Bis zu einem Unikreis von 18 Kilometern findet man an den Baumspitzen dicke und dünne Äste, die angekohlt sind. Daraus lässt sich schließen, dass es sich um eine plötzliche Erhitzung handelte: Folge einer Explosion, nicht eines Waldbrandes! Diese Verbrennungen sind nur dort zu finden, wo kein Schatten die Ausbreitung des Explosionsblitzes unterbrach. Folglich muss es sich eindeutig und zweifelsfrei um Strahlen gehandelt haben. Die Summe all dieser Effekte macht die Energie von 10^{23} erg für die gigantischen Verwüstungen notwendig. Diese immense Energie entspricht der Zerstörungsgewalt einer Atombombe von zehn Megatonnen oder

100 000 000 000 000 000 000 000 erg!

Alle Ermittlungen bestätigen eine nukleare Explosion und verweisen Deutungen wie den Sturz eines Kometen oder den Fall eines großen Meteoriten als Grund für das Ereignis ins Reich der Fabel.

Welche Erklärungen bieten sich für diese Kernexplosion im Jahre 1908 an?

Im März 1964 wurde in einem Artikel in der angesehenen Leningrader Zeitung *Swesda* die These vertreten, intelligente Lebewesen auf einem Planeten des Sternbilds Schwan hätten versucht, mit der Erde Kontakt aufzunehmen. Die Autoren Genrich Altow und Valentina Schuralewa behaupteten, der Einschlag in der sibirischen Taiga wäre die Antwort auf eine explosionsartige, heftige Eruption des Vulkans Krakatau im Indischen Ozean gewesen, der bei seinem Ausbruch 1853 ein starkes Bündel von Radiowellen ins Weltall geschleudert habe. Irrtümlich hätten die fernen Sternenwesen die Radiowellen für ein Signal aus dem Weltall gehalten; deshalb hätten sie einen viel zu starken Laserstrahl auf die Erde gerichtet, und dieser habe sich, als er hoch über Sibirien die Erdatmosphäre traf, in Materie verwandelt. – Wir stellen fest, dass wir diese Deutung nicht akzeptieren, weil sie uns zu fantastisch scheint!

Ebenso wenig vermögen wir die Theorie zu akzeptieren, die das Ereignis mit dem Aufprall von Antimaterie erklären will. Wenn wir auch unterstellen, dass es in den Tiefen des Kosmos Antimaterie gibt, dann dürfte in der Tunguska nichts mehr existieren, weil der Zusammenprall von Materie und Antimaterie die gegenseitige Auflösung zur Folge hat. Überdies ist die Chance, dass ein Stück Antimaterie die Erde auf ihrem langen Weg ohne Kollisionen mit Materie erreicht, sehr gering.

Wir möchten uns eher der Meinung jener anschließen, die in der Kernexplosion das Bersten eines Energiemeilers eines fremden Raumschiffes vermuten. Fantastisch? Ja, gewiss. Aber muss es darum unmöglich sein?

Über den Tunguska-Meteoriten gibt es eine Schränke füllende Literatur. Eine Tatsache wollen wir noch festhalten: Die Radioaktivität um das Explosionszentrum in der Taiga ist doppelt so hoch – heute noch! – wie anderswo. Sorgfältige Untersuchungen der Bäume und ihrer Jahresringe bestätigen eine merkliche Zunahme der Radioaktivität seit 1908.

Solange nicht ein einziger, exakter, unbezweifelbarer wissenschaftlicher Beweis für dieses Phänomen – und manches andere – vorliegt, hat niemand das Recht, eine im Bereich des Denkbaren liegende Deutung unbegründet abzulehnen.

Über die Planeten unseres Sonnensystems wissen wir ziemlich gut Bescheid; »Leben« in unserem Sinne käme in ganz beschränktem Maße äußerstenfalls auf dem Mars infrage. Der Mensch hat die theoretischen Grenzen für die Möglichkeit von Leben in seinem Sinne abgesteckt; diese Grenze wird als Ökosphäre bezeichnet. In unserem Sonnensystem liegen nur Venus, Erde und Mars innerhalb der Grenzen der Ökosphäre. Dabei allerdings sollte man bedenken, dass die Ermittlungen für die Ökosphäre von unseren Vorstellungen für Leben ausgehen, dass aber fremdes Leben durchaus nicht an unsere Lebensprämissen gebunden sein muss. Bis 1962 wurde die Venus als Raum für mögliches Leben gehalten, nämlich so lange, bis sich *Mariner II* bis auf 34000 Kilometer der Venus genähert hatte. Nach seinen gefunkten Informationen kommt nun auch die Venus als Lebensträger für menschliche Begriffe nicht mehr infrage.

Aus den Berichten von *Mariner II* geht hervor, dass die Oberflächentemperatur der Venus auf der Sonnen- wie auf der Schattenseite durchschnittlich 430 Grad Celsius beträgt. Solche Temperaturen lassen Wasservorkommen auf der Oberfläche nicht zu; es könnte nur Seen von geschmolzenem Metall geben. Die liebgewordene Vorstellung von der Venus als lieblicher Zwillingsschwester der Erde ist dahin, wenn auch vorhandener Kohlenwasserstoff Nährboden für Bakterien aller Art sein könnte.

Es ist noch nicht lange her, seit Wissenschaftler behaupteten, Leben auf dem Mars sei undenkbar. Seit einiger Zeit hieß es, es sei kaum denkbar. Doch nach der erfolgreichen Erkundungsmission von *Mariner IV* muss man Lebensmöglichkeiten auf dem Mars, wenn auch noch zögernd, eine ziemliche Wahrscheinlichkeit zubilligen. Wenn wir uns auch der Theorie von intelligentem Leben auf dem Mars nicht anzuschließen vermögen, wollen wir doch niedrige Lebensformen auf dem Roten Planeten für möglich halten. Es liegt auch im Bereich des Möglichen, dass unser Nachbar Mars vor ungezählten Jahrtausenden eine eigene Zivilisation besessen hat. Besondere Beachtung verdient in jedem Fall der Marsmond Phobos!

Der Mars hat zwei Monde: Phobos und Deimos (griechisch: Angst und Schrecken). Längst ehe der amerikanische Astronom Asaph Hall die Monde im Jahre 1877 entdeckte, waren sie bekannt. Johannes Kepler vermutete bereits 1610, dass der Mars von zwei Trabanten begleitet werde. Mag auch der Kapuzinermönch Schyrl wenige Jahre später behauptet haben, die Marsmonde gesehen zu haben, so muss er einer Täuschung erlegen sein, denn mit den optischen Instrumenten seiner Zeit waren die winzigen Marsmonde keinesfalls zu sehen. Faszinierend allerdings ist die Schilderung, die Jonathan Swift 1727 in seinem Buch *Reise nach Laputa* (das ist eine von Gullivers Reisen!) gibt: Er beschreibt nicht nur die beiden Marsmonde, er gibt sogar ihre Größe und ihre Umlaufbahnen an. Das liest sich im 3. Kapitel so:

»Die laputanischen Astronomen bringen viel Zeit ihres Lebens damit zu, die Himmelskörper zu beobachten, und sie benutzen hierzu Gläser, die den unsrigen weit überlegen sind. Dieser Vorteil versetzt sie in die Lage, den Bereich ihrer Sichtungen viel weiter auszudehnen als die Astronomen in Europa, und sie haben einen Katalog von 10 000 Fixsternen, während unsere größten Kataloge nur ein Drittel davon enthalten. Sie entdeckten unter anderem zwei kleinere Sterne oder Satelliten, welche um den Mars laufen. Hiervon ist der innerste vom Mittelpunkt des Planeten genau drei, der äußerste fünf seiner Durchmesser entfernt. Ersterer vollendet seinen Umlauf im Zeitraum von zehn, Letzterer in einem Zeitraum von 21,5 Stunden, wodurch die Quadrate ihrer Umlaufzeit sich stark der dritten Potenz ihrer Entfernung vom Mittelpunkt des Mars nähern. Dies zeigt erneut, dass sie dem gleichen Gravitationsgesetz unterworfen sind, welches auch die anderen Himmelskörper beeinflusst.«

Wie konnte Swift die Marssatelliten beschreiben, da sie doch erst 150 Jahre später entdeckt wurden? Fraglos sind die Marssatelliten schon vor Swift von einigen Astronomen vermutet worden, aber Vermutungen reichen doch nie für so präzise Angaben! Wir wissen nicht, woher Swift seine Kenntnisse bezog.

Tatsächlich handelt es sich bei diesen Satelliten um die kleinsten und seltsamsten Monde unseres Sonnensystems: Sie rotieren in fast kreisrunden Umlaufbahnen über dem Äquator! Wenn sie gleich viel Licht reflektieren wie unser Mond, dann müsste Phobos einen Durchmesser von 16, Deimos einen von nur acht Kilometern haben. Sollten es aber gar künstliche Monde sein und deshalb noch mehr Licht reflektieren, dann wären sie in der Tat noch kleiner. Sie sind die einzigen bisher bekannten Monde unseres Sonnensystems, die schneller um ihren Mutterplaneten laufen, als dieser sich selbst dreht. Unter Berücksichtigung der Marsrotation vollendet Phobos an einem Marstag zwei Umläufe, während Deimos sich nur wenig schneller um den Mars bewegt, als dieser sich um seine eigene Achse dreht.

1862, als die Erde in sehr günstiger Position zum Mars stand, suchte man vergebens nach Marsmonden – 15 Jahre später wurden sie entdeckt! Es kam die Theorie von Planetoiden auf, indem verschiedene Astronomen vermuteten, die Marsmonde seien Bruchstücke aus dem Weltall, die der Mars eingefangen habe. Doch die Theorie von den Planetoiden ist nicht haltbar: Beide Marsmonde drehen sich nämlich in fast derselben Ebene über dem Äquator. Ein Bruchstück aus dem Weltraum mag das zufällig tun. Messbare Tatsachen brachten schließlich die moderne Satellitentheorie hervor.

Der renommierte amerikanische Astronom Carl Sagan und der russische Wissenschaftler Shklovskij bejahen in ihrem 1966 erschienenen Buch *Intelligent Life in the Universe* die Theorie, dass es sich beim Mond Phobos um einen künstlichen Satelliten handle. Als Ergebnis einer Reihe von Messungen kommt Sagan zu dem Schluss, dass Phobos hohl sein müsse, und ein hohler Mond könne nicht natürlich sein.

Tatsächlich stehen die Eigenarten der Umlaufbahn des Phobos in keinem Verhältnis zu seiner scheinbaren Masse, dagegen sind solche Umlaufbahnen typisch für Hohlkörper. – Der Russe Shklovskij, Leiter der Abteilung für Radioastronomie am Moskauer Sternberg-Institut, stellt dieselbe Behauptung auf, nachdem er beobachtet hatte, dass in der Bewegung des Marsmondes Phobos eine eigenartige, unnatürliche Beschleunigung festzustellen ist. Diese Beschleunigung sei identisch mit der Erscheinung, die auch bei unseren künstlichen Satelliten festgestellt wird.

Man nimmt heute die fantastischen Theorien von Sagan und Shklovskij sehr ernst. Die Amerikaner planen weitere Marssonden, die auch die Marsmonde anpeilen sollen. Die Russen wollen in den kommenden Jahren von mehreren Observatorien aus die Bewegungen der Marsmonde beobachten.

Falls die in Ost und West von namhaften Wissenschaftlern vertretene Meinung, der Mars habe einst eine entwickelte Zivilisation gehabt, stimmt, dann taucht die Frage auf, warum sie heute nicht mehr existiert. Mussten sich die Intelligenzen auf dem Mars neuen Lebensraum suchen? Zwang sie ihr Heimatplanet, der mehr und mehr Sauerstoff verlor, neues Wohngebiet zu suchen? War eine kosmische Katastrophe schuld am Untergang der Zivilisation? Und letztlich: Konnte sich ein Teil der Marsbewohner auf einen Nachbarplaneten retten?

Dr. Emanuel Velikovsky erklärte in seinem 1950 veröffentlichten, heute in Fachkreisen noch viel diskutierten Buch *Worlds in Collision,* ein Riesenkomet sei mit dem Mars zusammengestoßen, aus dieser Kollision habe sich die Venus gebildet. Seine Theorie könne bewiesen werden, wenn die Venus eine hohe Oberflächentemperatur, kohlenwasserstoffhaltige Wolken und eine anomale Rotation habe. Die Auswertung der von *Mariner II* gelieferten Daten bestätigt die Theorien von Velikovsky: Die Venus ist der einzige Planet, der sich »rückwärts« dreht, der einzige Planet also, der sich nicht wie Merkur, Erde, Mars, Jupiter, Saturn, Uranus oder Neptun an die Spielregeln unseres Sonnensystems hält …

Kann aber eine kosmisch bedingte Katastrophe für die Vernichtung einer Zivilisation auf dem Planeten Mars in Betracht gezogen werden, dann bieten solche Indizien auch Material für unsere Theorie, dass die Erde in grauesten Vorzeiten Besuch aus dem All gehabt haben kann. Utopie oder spekulative Möglichkeit ist dann die These, dass sich eine Gruppe von Marsriesen vielleicht auf die Erde rettete, um mit den damals hier lebenden, halbintelligenten Wesen die neue Kultur des *homo sapiens* zu gründen. Da die Gravitation des Mars geringer ist als die der Erde, lässt sich vermuten, dass der Körperbau der Marsmenschen wuchtiger und größer als der der Erdbewohner war. Ist um diese Theorie ein Hauch von Realität, dann hätten wir die Riesen, die von den Sternen kamen, die gewaltige Steinquader bewegen konnten, die die Menschen in hier noch unbekannten Künsten unterwiesen und die schließlich ausstarben.

Noch nie wussten wir so wenig von so vielem wie heute. Wir sind gewiss, dass das Thema »Mensch und Fremdintelligenz« auf der Tagesordnung der Forschung bleiben wird, bis alle lösbaren Rätsel eine Antwort gefunden haben werden.

KAPITEL XI

Signale ins Weltall – Gibt es überlichtschnelle Gedankenverbindungen? – Der merkwürdige Fall Cayce – Die Green-Bank-Gleichung – Prominente vertreten die Exobiologie – Woran arbeitet die NASA? – Ein Gespräch mit Wernher von Braun

Am 8. April 1960, frühmorgens um vier Uhr, begann in einem einsamen Tal West-Virginias ein Versuch: Das große 85-Fuß-Radio-Teleskop von Green-Bank wurde auf den 11,8 Lichtjahre entfernten Stern Tau-Ceti gerichtet. Der junge amerikanische Astronom Dr. Frank Drake, der als Wissenschaftler einen ausgezeichneten Ruf genießt und als Leiter dieses Projekts fungierte, wollte sich in Radiosendungen anderer Zivilisationen einschalten, um Signale fremder Intelligenzen aus dem Weltraum zu empfangen. Die erste Versuchsserie dauerte 150 Stunden; sie ging als Projekt OZMA in die Geschichte der Astronomie ein, obwohl ihr ein Misserfolg beschieden war. Der Versuch wurde nicht deshalb abgebrochen, weil auch nur einer der beteiligten Wissenschaftler die Ansicht vertreten hätte, es gäbe im Weltall keine Radiosendungen, vielmehr deshalb, weil man zu der Erkenntnis kam, dass es zurzeit noch keine Geräte gab, deren Empfindlichkeit das gesetzte Ziel erreichen lassen konnten. OZMA wird nicht der einzige Versuch seiner Art bleiben. Möglicherweise wird man auf dem Mond ein Radioteleskop errichten, das, frei von irdischen Störungen, die unermesslichen Räume zwischen den Sternen nach Radiosignalen absuchen kann.

Allerdings muss man sich fragen, ob das Suchen nach Signalen unserer Raumforschung dienlich ist und ob es nicht zweckmäßiger wäre, Radiosignale ins Weltall zu senden. Wir können ja einer fremden Intelligenz nicht abverlangen, dass sie zufällig Russisch oder Spanisch oder Englisch versteht und nur darauf wartet, angerufen zu werden …

Es bleiben vermutlich drei Möglichkeiten, mit denen wir uns melden können: mit codierten Zahlen (Dualsystem), mit Laserstrahlen oder mit Bildern. Chancen sind der ersten Variante zuzumessen; es müssten zur Ausführung intergalaktische Wellenlängen ermittelt und festgelegt werden, die Aussichten haben, im ganzen Kosmos empfangen zu werden. Mit 1420 Megahertz wäre eine solche Frequenz gegeben, denn das ist die Strahlungsfrequenz des neutralen Wasserstoffs, die beim Zusammenstoß von Wasserstoffatomen entsteht. Da Wasserstoff ein Element ist, könnte diese Strahlungsfrequenz im ganzen Weltall bekannt sein. 1420 Megahertz liegen überdies außerhalb des irdischen Wellenwirrwarrs. Möglichkeiten von Irrtümern und Störfaktoren wären auf ein Minimum beschränkt. Es ließen sich auf solche Weise Radioimpulse ins Universum schicken, und wenn es fremde Intelligenzen gibt, werden sie sie erkennen.

In diesem Zusammenhang ist eine Nachricht der *Zeit* aus der Ausgabe 51 vom 22. Dezember 1967 hochinteressant. Unter der Überschrift »Der Mond wird angeblitzt« wurde berichtet:

»Die Entfernung des Mondes von der Erde ist zwar bis auf wenige hundert Meter genau bekannt, aber damit wollen sich die Astronomen noch nicht zufriedengeben. Deshalb sollen Astronauten bei einem der ersten Flüge zum Erdtrabanten Spiegel mitnehmen und sie dort aufbauen. Diese Spiegel werden – ähnlich einer Zimmerecke – aus drei aufeinander senkrecht stehenden, reflektierenden Ebenen bestehen und die Eigenschaft haben, einfallendes Licht in die Richtung der Lichtquelle zurückzuwerfen.

Dieses Spiegelsystem soll von der Erde aus mit Lichtblitzen von einer hundertmillionstel Sekunde Dauer aus einem Laser ausgestrahlt werden, dem ein Teleskop mit einer Öffnung von 1,50 Meter vorgeschaltet ist. Das vom Mond reflektierte Licht wird von demselben Teleskop wieder aufgenommen und einem Fotovervielfacher zugeleitet.

Aus der bekannten Geschwindigkeit des Lichtes und der Zeit, die ein Laserlichtblitz für den Hin- und Rückweg benötigt, lässt sich dann die Entfernung des Mondes bis auf eineinhalb Meter genau bestimmen.«

Es ist auch der Weg auf uns zu denkbar! Seit langen Zeiten durchziehen Radiowellen das Weltall. Ist es nicht denkbar, wenn unsere Hypothese stimmt, dass sich auch fremde Intelligenzen bei uns melden? Da wuchs beispielsweise die Strahlungsenergie von CTA-102 im Herbst 1964 plötzlich an; russische Astronomen teilten mit, sie hätten möglicherweise Signale einer außerirdischen Superzivilisation empfangen. Dieser Radiostern CTA-102 wurde von den Radioastronomen des *California Institute of Technology* unter der Katalognummer 102 geführt – daher sein Name.

Der Astronom Scholomitski erklärte am 13. April 1965 im Hörsaal des Sternberg-Instituts in Moskau: »Ende September, Anfang Oktober 1964 wurde die Strahlungsenergie von CTA-102 viel stärker. Aber nur für kurze Zeit, dann verschwand sie wieder. Wir registrierten dies und warteten ab. Gegen Ende des Jahres stieg die Intensität der Quelle plötzlich erneut an, sie erreichte genau 100 Tage nach der ersten Aufzeichnung einen zweiten Höhepunkt.« Sein Chef, Professor Shklovskij, ergänzte, dass solche Strahlungsschwankungen sehr ungewöhnlich seien.

Der holländische Astrophysiker Maarten Schmidt hat inzwischen durch genaue Messungen ermittelt, dass CTA-102 etwa zehn Milliarden Lichtjahre von der Erde entfernt sein muss. Das heißt also, dass Radiostrahlen, sollten sie von intelligenten Lebewesen stammen, vor zehn Milliarden Jahren ausgestrahlt worden sein müssten. Zu dieser Zeit aber hat unser Planet – nach dem heutigen Stand der Forschung – noch gar nicht existiert. Diese Erkenntnis könnte eine Art von Todesstoß für die Suche nach Leben im Weltall bedeuten.

Wäre die Suche nach Leben im Weltall ohne Chancen, würden sich nicht Astrophysiker in Amerika und Russland, im englischen Jodrell Bank bei Manchester wie in Stockert bei Bonn mit den gewaltigen Richtantennen auf sogenannte Radiosterne und Quasare mit ihrer Forschung konzentrieren. Die Fixsterne Epsilon-Eridiani und Tau-Ceti sind 10,2 beziehungsweise 11,8 Lichtjahre von uns entfernt. Für diese »Nachbarn« bestimmte Radiowellen würden also rund elf Jahre unterwegs sein, eine Antwort könnte füglich nach 22 Jahren bei uns eintreffen. Radioverbindungen mit weiter entfernten Sternen brauchen entsprechend längere Zeit; Kontakte mit Zivilisationen, die in nach Millionen Lichtjahren zu rechnenden Entfernungen liegen, sind für eine Kontaktaufnahme mittels Radiowellen völlig ungeeignet. Aber sind denn Radiowellen unsere einzigen technischen Mittel für diese Versuche?

Man könnte sich doch beispielsweise auch optisch bemerkbar machen! Ein starker Laserstrahl – auf Mars oder Jupiter gerichtet – könnte, insofern intelligente Lebewesen vorhanden, dort nicht unbemerkt bleiben. (Eine Klammerbemerkung: »Laser« ist die Abkürzung für *Light Amplification by Stimulated Emission of Radiation*, das heißt

Lichtverstärkung durch induzierte Emission von Strahlung, kurz: ein Lichtwellenverstärker.) – Eine andere, etwas fantastisch klingende Möglichkeit wäre die, riesige Bodenflächen so zu bebauen, dass unübersehbare Farbkontraste entstehen, die zugleich ein geometrisches oder mathematisches Symbol von denkbar universaler Gültigkeit wiedergeben. Eine kühne, aber durchaus realisierbare Vorstellung: Ein riesiges, gleichschenkliges Dreieck wird an seinen Seiten auf 1000 Kilometern mit Kartoffeln angebaut; in dieses Riesendreieck wird ein Kreis aus Weizen gesät; in jedem Sommer entstünde derart ein unübersehbarer gelber Kreis – von einem grünen gleichschenkligen Dreieck umgeben. Ein nebenbei auch noch nützlicher und ertragreicher Versuch! Gibt es aber fremde Intelligenzen, die uns suchen, wie wir sie suchen, würde das Aufleuchten von Kreis und Dreieck ein Hinweis für sie sein, dass diese Formen keine Launen der Natur sein können … Wie gesagt, eine Möglichkeit. Irgendwer hat auch vorgeschlagen, eine Kette von Leuchttürmen, die ihr Licht vertikal ausstrahlen, zu errichten, und dieses Lichtmeer sollte die Form eines Atommodells haben … Vorschläge, Vorschläge.

Alle Vorschläge gehen von der Prämisse aus, dass irgendwer unseren Planeten beobachtet. Wird das Problem mit diesen beschränkten Mitteln falsch angegangen?

Allem Okkulten gegenüber sehr skeptisch und eher abgeneigt, kommt man doch nicht umhin, einigen heute noch nicht erklärbaren physikalischen Phänomenen nachzugehen, etwa den auf breiter wissenschaftlicher Basis nachgewiesenen, aber noch nicht erklärbaren Gedankenübertragungen zwischen intelligenten Gehirnen.

In den parapsychologischen Abteilungen vieler bedeutender Universitäten werden bisher unerforschte Erscheinungen wie Hellsehen, Traumgesichte, Gedankenübertragungen usw. mit exakten wissenschaftlichen Methoden untersucht. Dabei werden alle ominösen Geister- und Spukgeschichten okkulter Fragwürdigkeiten oder religiöser Wahnvorstellungen separiert und ausgeschieden. Man beschäftigt sich ausschließlich mit den Phänomenen, die quasi für Laboratoriumsuntersuchungen reif sind. Einzel- und Reihenuntersuchungen erwiesen, dass es Gedankenübertragungen gibt. Auf diesem Gebiet – vor noch nicht langer Zeit verpönter Forschung – ist man ein bedeutendes Stück Weges weitergekommen.

Im August 1959 ging der *Nautilus*-Versuch zu Ende. Mit diesem Versuch wurde nicht nur die Möglichkeit der Gedankenübertragung nachgewiesen; er ergab auch, dass Gedankenverbindungen zwischen menschlichen Gehirnen stärker sein können als Radiowellen. Und dies war der Versuch:

Mehrere tausend Kilometer vom »Gedankensender« entfernt, tauchte das U-Boot *Nautilus* einige hundert Meter unter den Wasserspiegel; alle Radioverbindungen waren unterbrochen, denn Radiowellen durchdringen auch heute noch keine tiefe Meerwasserschicht. Hingegen funktionierte die Gedankenverbindung zwischen Mr. X und Mr. Y.

Man fragt sich nach solchen wissenschaftlichen Tests, wozu das menschliche Gehirn noch fähig ist! Kann es überlichtschnelle Gedankenverbindungen herstellen? Der in die wissenschaftliche Literatur eingegangene Fall Cayce lässt derartige Mutmaßungen zu.

Edgar Cayce, ein einfacher Bauernjunge aus Kentucky, hatte keine Ahnung davon, welche fantastischen Fähigkeiten in seinem Kopf verborgen waren. Obwohl er am 5. Januar 1945 starb, sind heute noch Mediziner und Psychologen mit der Auswertung seiner Akten beschäftigt. Die gestrenge *American Medical Association* gab Edgar Cayce die Erlaubnis, Konsultationen abzuhalten, obwohl er kein Arzt war.

Edgar Cayce erkrankte in früher Jugend; Krämpfe schüttelten ihn, hohes Fieber wollte den jungen Körper verzehren, er verfiel ins Koma. Während die Ärzte vergeblich versuchten, das Kind ins Bewusstsein zurückzuholen, begann Edgar plötzlich laut und deutlich zu sprechen: Er erklärte, warum er krank sei, nannte einige Heilmittel, deren er bedurfte, und gab an, aus welchen Zutaten eine Paste zu bereiten sei, mit der er behandelt werden müsste, indem man damit seine Wirbelsäule bestrich. Ärzte und Angehörige waren verblüfft, weil sie keine Ahnung hatten, woher der Junge diese Kenntnisse und die ihm völlig fremden Vokabeln hatte. Da der Fall hoffnungslos schien, führte man seine Anweisungen aus. Edgars Heilung erfolgte zusehends nach der Behandlung mit den von ihm benannten Medikamenten.

Das Ereignis sprach sich herum; da Edgar im Koma gesprochen hatte, kamen viele Vorschläge, den Jungen in Hypnose zu versetzen, um ihm auf diese Weise Ratschläge für Heilungen zu »entlocken«. Edgar wollte das überhaupt nicht. Erst als sein Freund erkrankte, diktierte er ein präzises Rezept unter Benutzung lateinischer Vokabeln, die er nie zuvor gehört oder gar gelesen hatte. Eine Woche später war sein Freund wieder gesund.

War der erste Fall noch als kleine, aber wissenschaftlich nicht ernst zu nehmende Sensation bald wieder vergessen, so veranlasste das neuerliche Ereignis die *Medical Association,* eine Kommission zusammenzustellen, die künftig, falls sich Derartiges wiederholte, Protokolle aufnehmen und auch das winzigste Detail des Vorgangs aktenkundig machen sollte. Im Schlafzustand hatte Cayce Kenntnisse und Fähigkeiten, wie sie sonst nur Ergebnis eines Konsiliums sein können.

Einmal »verordnete« Edgar einem sehr wohlhabenden Patienten ein Medikament, das nirgends aufzutreiben war. Der Mann gab einige Inserate in weitverbreiteten und auch internationalen Zeitungen auf. Aus Paris (!) schrieb ein junger Arzt, dass sein Vater dieses Medikament vor Jahren hergestellt habe, die Produktion aber längst wieder eingestellt worden sei. Die Zusammensetzung dieses Medikaments war identisch mit den detaillierten Angaben von Edgar Cayce.

Später »verschreibt« Edgar ein Medikament und nennt dazu die Adresse eines Laboratoriums in einer entfernt gelegenen Stadt. Bei einem Anruf erfährt man, das Präparat sei eben erst entwickelt, die Formel erstellt, man suche einen Namen, es sei aber noch nicht im Arzneimittelhandel.

Die Kommission von professionellen Ärzten ist weit davon entfernt, an Telepathie zu glauben; sie forscht nüchtern und sachlich, konstatiert, was sie beobachtet, weiß, dass Edgar in seinem Leben kein medizinisches Buch in der Hand hatte. Von allen Seiten und aus der ganzen Welt bestürmt, gibt Edgar zwei Konsultationen am Tag, immer in Gegenwart von Ärzten und immer ohne Honorar. Seine Diagnosen und therapeutischen Vorschriften sind genau – aber wenn er aus seiner Trance erwacht, weiß er nichts mehr von dem, was er gesagt hat. Als Männer der Kommission ihn fragen, wie er zu seinen Diagnosen komme, vermutet Edgar, er könne sich mit jedem x-beliebigen Gehirn in Verbindung setzen und ihm die Informationen, die er für die Diagnose benötige, entnehmen. Da aber auch das Gehirn des Patienten genau wisse, was dem Körper fehle, sei das doch alles ganz einfach: Er befrage das Gehirn des Erkrankten, und dann suche er das Gehirn in der Welt, das ihm sage, was zu tun sei. Er selbst, meinte Edgar, sei ja nur ein Teil aller Gehirne …

Eine ungeheuerliche Idee, die – in unsere Technik transponiert – etwa so aussähe: In New York wird ein Monstrum von Computer mit allen heute bekannten Daten der Physik gefüttert. Wann immer und von welchem Ort aus der Computer befragt würde, gäbe er seine Antworten in Bruchteilen einer Sekunde. Ein anderer Computer steht in Zürich; in ihm ist alles Wissen der Medizin gespeichert. Ein Computer in Moskau ist mit allen Angaben der Biologie vollgestopft, ein anderer in Kairo hat keine Lücke in den Kenntnissen der Astronomie – kurz: An diversen Zentren der Welt ist alles Wissen der Welt, nach Sparten geordnet, in Computern untergebracht. Drahtlos miteinander verbunden, wird der Computer in Kairo, um medizinische Auskunft gebeten, in hundertstel Sekunden die Fragen an den Computer in Zürich weiterleiten. – Einer solchen, absolut denkbaren und bereits ausführbaren technischen Simultanschaltung muss in etwa die Funktion des Gehirns von Edgar Cayce entsprochen haben.

Der fantastische Gedanke, die kühne Spekulation soll hier stehen: Was wäre, wenn alle (oder auch nur einige hochgezüchtete) menschliche Gehirne über unbekannte Energieformen verfügen und die Möglichkeit besäßen, mit allen Lebewesen Verbindung aufzunehmen? Wir wissen erschreckend wenig über Funktionen und Möglichkeiten des menschlichen Gehirns; bekannt ist, dass im Gehirn des gesunden Menschen lediglich ein Zehntel des Cortex arbeitet. Was tun die restlichen neun Zehntel? Bekannt und wissenschaftlich dokumentiert ist die Tatsache, dass Menschen durch den Willen und durch sonst nichts von unheilbaren Krankheiten genesen. Vielleicht deswegen, weil durch eine uns unbekannte »Schaltung« ein oder zwei Zehntel des Cortex zusätzlich arbeiten?

Unterstellen wir die Ungeheuerlichkeit, dass im Gehirn die stärksten Energieformen wirken, dann könnte ein starker geistiger Impuls gleichzeitig überall spürbar sein. Wird es der Forschung gelingen, einen solchen »wilden« Gedanken beweisbar zu machen, dann allerdings könnten alle Intelligenzen im Universum derselben, unbekannten Struktur angehören.

Bedienen auch wir uns eines Denkmodells! Wird in einem Bassin mit Milliarden Bakterien an irgendeiner Stelle ein starker, elektrischer Impuls ausgelöst, dann ist dieser Impuls an jedem Ort und von jeder Gattung Bakterien spürbar. Der Stromstoß würde überall im selben Moment wahrgenommen. – Wir sind uns dabei klar, dass dieser Vergleich hinkt, denn Elektrizität ist eine bekannte Energieform und an die Lichtgeschwindigkeit gebunden. Wir aber meinen eine Energieform, die überall und gleichzeitig vorhanden und wirksam ist. Wir ahnen lediglich eine noch nicht identifizierte Energieform, die einmal das Unbegreifbare begreifbar machen wird.

Da liegt, um den ungeheuren Gedanken einen Hauch von Wahrscheinlichkeit zu geben, ein Bericht über ein Experiment vom 29. und 30. Mai 1965 vor. Es dürfte in Umfang und Art einmalig sein. An diesen beiden Tagen konzentrierten sich 1008 Personen zur selben Zeit, ja, zur selben Sekunde, auf Bilder, Sätze und Symbolgruppen, die von ihnen sozusagen mit geballter Kraft ins All »ausgestrahlt« wurden. Nicht die Tatsache dieses Massenversuchs allein ist erstaunlich – seltsam sind die

Resultate des Experiments. Keine Person, die an dem Experiment teilnahm, kannte die andere; die Teilnehmer lebten Hunderte Kilometer voneinander entfernt; auf vorgedruckten Bogen antworteten 2,7 Prozent der Teilnehmer, sie hätten ein Bild, und zwar ein Atommodell, gesehen. Da eine Absprache unter den »Versuchskaninchen« unmöglich war, ist es doch überraschend, dass 2,7 Prozent das gleiche »Gedankenbild« gesehen haben wollen. Telepathie? Hokuspokus? Zufall? Zugegeben, das Ganze ist ein Science-Fiction-Thema – aber der von Wissenschaftlern veranstaltete Versuch hat stattgefunden. Wer glaubt denn noch, dass wir am Ende unserer Erkenntnisse stehen?

Ebenso wenig erklärbar ist eine Feststellung einer Physikergruppe der Universität Princetown: Bei der Untersuchung des Zerfalls des elektrisch neutralen K-Mesons kam man zu einem Resultat, das es theoretisch gar nicht geben dürfte, denn es widersprach dem längst bewiesenen Zeit-Invarianz-Prinzip der Kernphysik, wonach Elementarteilchenvorgänge als zeitlich umkehrbar angesehen werden.

Noch ein Paradebeispiel! Eine Aussage der Relativitätstheorie ist: Masse und Energie sind nur verschiedene Erscheinungsformen ein und desselben Phänomens ($E = mc^2$). Simpel gesagt, kann man Masse buchstäblich aus dem Nichts zeugen, indem man beispielsweise einen starken Energiestrahl an einem schweren Atomkern vorbeirasen lässt. Dann verschwindet der Energiestrahl im starken, elektrischen Energiefeld des Atomkerns, und an seiner Stelle entstehen ein Elektron und ein Positron. Energie in Form eines Strahls hat sich in die Masse von zwei Elektronen verwandelt. Für den wissenschaftlich ungeschulten Verstand scheint der Vorgang verrückt, und dennoch vollzieht er sich genauso. Es ist nicht blamabel, Einstein nicht folgen zu können; ein Wissenschaftler nannte Einstein »den großen Einsamen«, weil er sich vielleicht mit nur einem Dutzend Zeitgenossen über seine Theorie besprechen könne.

Nach diesem Ausflug in auch noch unerforschte Gebiete der Gedankenübertragungen und der Funktionen des menschlichen Gehirns wenden wir uns wieder der Gegenwart zu.

Es ist kein Geheimnis mehr, dass sich im November 1961 im *National Radio Astronomy Observatory* in Green-Bank, West-Virginia, elf Kapazitäten zu einer Geheimkonferenz trafen. Thema der Konferenz war auch hier die Frage nach der Existenz außerirdischer Intelligenzen. Die Wissenschaftler – unter ihnen Dr. Guiseppe Cocconi, Dr. Su-Shu-Huang, Dr. Philip Morrison, Dr. Frank Drake, Dr. Otto Struve, Dr. Carl Sagan, auch Nobelpreisträger Melvin Calvin – einigten sich am Ende ihrer Konferenz auf die sogenannte Green-Bank-Gleichung: Dieser

Formel zufolge gibt es allein in unserer Galaxis zu jeder Zeit bis zu 50 Millionen verschiedene Zivilisationen, die entweder selbst versuchen, mit uns Verbindung aufzunehmen oder die auf ein Zeichen von anderen Planeten warten.

Die Glieder der Green-Bank-Gleichung berücksichtigen nicht nur alle infrage kommenden Aspekte; die Wissenschaftler setzten überdies für jedes Glied zwei Werte ein: einen nach den heutigen Erkenntnissen zulässigen Normalwert und einen absoluten Minimalwert.

$N = R_{+} f_p n_e f_1 f_i f_c L$

In dieser Gleichung bedeuten:

R_{+} das mittlere Maß jährlich neu entstehender Sterne, die unserer Sonne ähnlich sind

f_p den Bruchteil der Sterne mit möglichen Lebewesen

n_e die durchschnittliche Zahl von Planeten, die die Ökosphäre ihrer Sonne umlaufen und die dadurch nach menschlichen Maßstäben hinreichende Voraussetzungen für eine Lebensentwicklung mit sich bringen

f_1 bezeichnet den Bruchteil derart bevorzugter Planeten, auf welchen sich tatsächlich Leben entwickelt haben wird

f_i steht für jenen Teil von belebten Planeten, die von Intelligenzen mit eigener Handlungsfähigkeit während der Lebenszeit ihrer Sonne bevölkert sind

f_c gibt den Bruchteil von intelligent bewohnten Planeten wieder, die bereits eine entwickelte technische Zivilisation haben

L bedeutet die Lebensdauer einer Zivilisation, denn nur zwei sehr lange bestehende Zivilisationen könnten sich bei den riesigen Entfernungen im Weltall begegnen.

Setzt man für alle Werte in dieser Gleichung die absolut niedrigsten Zahlen ein, dann ist

$N = 40$.

Nimmt man aber die zulässigen Höchstwerte, so ist

$N = 50\,000\,000$.

Die fantastische Green-Bank-Gleichung errechnet also für den ungünstigsten Fall 40 Intelligenzgruppen unserer Milchstraße heraus, die Kontakt mit anderen Intelligenzen suchen. Die kühnste Möglichkeit weist 50 000 000 Fremdintelligenzen aus, die auf Zeichen aus dem Kosmos warten. Alle Überlegungen von Green-Bank basieren nicht auf unserer Gegenwart; die Berechnungen gehen von der Sternenzahl unserer Milchstraße aus, seit sie existiert.

Akzeptiert man die Gleichung des Wissenschaftlerbraintrusts, dann kann es vor 100 000 Jahren bereits technisch perfektere Zivilisationen als die unsere gegeben haben – ein Faktum, das die hier vorgetragene Theorie vom Besuch der »Götter« aus dem Kosmos in grauer Vorzeit unterstützt. Der amerikanische Astrobiologe Dr. Sagan versichert, dass allein nach statistischen Berechnungen die Möglichkeit besteht, dass unsere Erde mindestens einmal im Laufe ihrer Geschichte von Vertretern einer außerirdischen Zivilisation besucht worden sein kann. In all den Überlegungen und Mutmaßungen mögen Fantasie und Wunschträume verborgen sein – die Green-Bank-Formel bietet die Möglichkeit, die Zahl der Sterne zu bestimmen, auf denen Leben möglich ist.

Ein neuer Wissenschaftszweig ist dabei, sich zu etablieren, die sogenannte Exobiologie. Neue Wissenschaftszweige haben es immer schwer, sich Anerkennung zu verschaffen. Der Exobiologie würde es wohl schwerer fallen, sich durchzusetzen, wenn nicht jetzt schon anerkannte Persönlichkeiten diesem neuen Forschungsgebiet, das außerirdischem Leben aufgeschlossen gegenübersteht, ihre Arbeit widmen würden. Was kann beweiskräftiger für die Ernsthaftigkeit dieser neuen Forschung sein als der Block von Namen, die sich dazu bekennen:

Dr. Freeman Quimby (Chef des exobiologischen Programms der NASA), Dr. Ira Blei (NASA), Dr. Joshua Lederberg (NASA), Dr. L. P. Smith (NASA), Dr. R. E. Kaj (NASA), Dr. Richard Young (NASA), Dr. H. S. Brown *(California Institute of Technology)*, Dr. Edward Purcell (a. o. Professor für Physik an der Universität *Harvard)*, Dr. R. N. Bracewells *(Radio Astronomy Institute Standford)*, Dr. Townes (Nobelpreisträger für Physik 1964), Dr. I. S. Shklovsky (Sternberg-Institut, Moskau), Dr. N. S. Kardaschew (Sternberg-Institut, Moskau), Sir Bernard Lovell (Jodrell Bank), Dr. Wernher von Braun (Chef des *Saturn*-Raketenprogramms der USA), Professor Dr. Oberth, der Lehrmeister von Braun, Professor Dr. Stuhlinger, Professor Dr. E. Sänger und viele andere.

Diese Namen mögen für viele tausend Exobiologen in aller Welt stehen. Das Anliegen all dieser Männer ist, die Tabus zu durchbrechen; die Mauer der Lethargie, die bisher die hier spezifisch angesprochenen Forschungswüsten umgibt, niederzureißen. Gegen alle Widerstände gibt es die Exobiologie, und sie kann eines Tages zum interessantesten und wichtigsten Forschungsgebiet überhaupt werden.

Wie aber kann ein Beweis für Leben im Weltall erbracht werden, ehe man dort gewesen ist? Es gibt Statistiken und Berechnungen, die außerirdisches Leben entschieden bejahen. Es gibt den Nachweis von Bakterien und Sporen im Weltall. Die Suche nach fremden Intelligenzen hat begonnen, aber noch keine Resultate, die messbar, vorzeigbar und überzeugend sind, erbracht. Was wir brauchen, sind Belege für Theorien – sind Beweise für heute noch als utopisch disqualifizierte Mutmaßungen. Die NASA verfügt über ein fix-fertiges Forschungsprogramm, das den Nachweis für die Existenz fremden Lebens im Kosmos erbringen soll. Acht verschiedene Sonden, jede in ihrer Art so einmalig wie kompliziert, sollen den Lebensnachweis auf Planeten unseres Sonnensystems erbringen.

Dies sind die geplanten Sonden:

Optical Rotary Dispersion Profiles
The Multivator
The Vidicon Microscope
The J-Band Life Detector
The Radioisotope Biochemical Probe
The Mass Spectrometer
The Wolf Trab
The Ultraviolet Spectrophotometer

Einige Hinweise darauf, was sich hinter diesen dem Laien nichtssagenden technischen Bezeichnungen verbirgt:

Optical Rotary Dispersion Profiles benennt eine Laboratoriumssonde mit einem drehbaren Suchlicht. Auf einem Planeten gelandet, beginnt dieses Licht Strahlen auszusenden und nach Molekülen zu suchen. Moleküle sind bekanntlich Voraussetzung für jede Art von Leben. Eines dieser Moleküle ist das große, spiralförmige DNS-Molekül, das aus drei aneinandergereihten chemischen Verbindungen – stickstoffhaltige organische Base, Zucker, Phosphorsäure – besteht. Wenn polarisiertes Licht auf ein Zuckermolekül trifft, wird die Schwingungsebene des Lichtes gedreht, weil die Stickstoffbase Adenin in der chemischen Verbindung mit Zucker »optisch aktiv« wirkt. Da die Zuckerverbindung im DNS-Molekül optisch aktiv ist, muss der Suchstrahl der Sonde lediglich auf eine Zucker-Adenin-Verbindung treffen, um sofort ein Signal auszulösen, das, automatisch zur Erde gesendet, den Beweis für Leben auf einem fremden Planeten erbringen würde.

Beim *Multivator* handelt es sich um eine knapp 500 Gramm schwere Sonde, die von einer Rakete als leichte Beiladung mitgenommen und in Planetennähe ausgestoßen wird. Dieses Miniaturlaboratorium ist dann in der Lage, bis zu 15 verschiedene Experimente durchzuführen und deren Ergebnisse zur Erde zu senden.

Die offiziell als *Radioisotope Biochemical Probe* bezeichnete, aber unter dem Spitznamen »Gulliver« entwickelte Sonde soll auf der Oberfläche eines fremden Planeten eine weiche Landung durchführen und gleich danach drei 15 Meter lange, klebrige Schnüre in verschiedene Richtungen schießen. Nach wenigen Minuten werden diese Schnüre automatisch wieder in die Sonde eingezogen; was an den Schnüren hängen bleibt – Staub, Mikroben oder irgendwelche biochemische Substanzen – wird in eine Nährflüssigkeit getaucht. Ein Teil dieser Nährlösung ist mit dem radioaktiven Kohlenstoffisotop C 14 angereichert; die eingeführten Mikroorganismen müssten folgerichtig durch ihren Stoffwechsel Kohlendioxid (CO_2) erzeugen. Das Gas Kohlendioxid lässt sich unschwer von der Nährflüssigkeit trennen und einem Messgerät zuführen, das die Radioaktivität des Gases, das C-14-Kerne enthält, misst und wiederum die Ergebnisse zur Erde funkt.

Noch ein Gerät, das die NASA für die Suche nach außerirdischen Leben entwickelte, wollen wir beschreiben: die sogenannte »Wolfsfalle«. Dieses Minilaboratorium wurde von seinem Erfinder ursprünglich *Bug Detector* genannt, aber seine Mitarbeiter tauften es in »Wolfsfalle« um, weil ihr Chef Professor Wolf Vishniac heißt. – Die »Wolfsfalle« soll auch eine weiche Landung auf einem fremden Planeten durchführen und dann eine Vakuumröhre mit sehr zerbrechlicher Spitze ausfahren. Berührt die Röhre den Boden, so zerspringt die Spitze, und durch das derart entstehende Vakuum werden Bodenproben aller Art eingesogen. Wieder enthält die Sonde verschiedene keimfreie Nährkulturen, die jeder Art von Bakterien ein rasches Wachstum garantieren. Diese Vermehrung der Bakterien hat eine Trübung der klaren Nährflüssigkeit zur Folge, außerdem verändert sich der pH-Wert der Flüssigkeit. (Der pH-Wert gibt an, wie sauer eine Säure ist.) Beide Veränderungen lassen sich leicht und zweifelsfrei messen: die Trübung der Flüssigkeit mithilfe eines Lichtstrahls und einer Fotozelle – die Veränderung des Säuregehalts durch eine elektrische pH-Messung. – Die Resultate werden auch Rückschlüsse auf existentes fremdes Leben zulassen.

Dollar-Millionen werden im NASA-Programm und koordinierten Forschungen für Erkundungen und Beweis außerirdischen Lebens ausgegeben. Die ersten Biosonden sollen zum Mars gestartet werden. Fraglos wird der Mensch den Vorausreitern, den Minilaboratorien, bald folgen. Die Verantwortlichen der NASA sind sich darin einig, dass die ersten Astronauten spätestens am 23. September 1986 auf dem

Mars landen werden. Die präzise Datumsangabe hat ihren Grund: 1986 wird ein Jahr geringer Sonnenaktivität sein. Dr. von Braun vertritt die Ansicht, dass schon 1982 Menschen auf dem Mars landen könnten; es fehlt den NASA-Männern nicht an den technischen Voraussetzungen, sondern nur an einer ausreichenden und zügigen Bewilligung der Mittel durch den amerikanischen Kongress. Neben allen laufenden Verpflichtungen der USA sind zwei Geldfresser wie der Vietnamkrieg und das Raumfahrtprogramm auf die Dauer auch für die reichste Nation der Welt eine starke Belastung.

Der Marsfahrplan liegt vor. Das Marsraumschiff ist konstruiert. Es muss »nur« noch gebaut werden. Ein Modell davon steht auf dem Schreibtisch eines außergewöhnlichen Mannes in Huntsville – es steht vor Professor Dr. Ernst Stuhlinger. Stuhlinger ist Direktor des *Research Project Laboratory,* das zum *George Marshal Space Flight Center* in Huntsville, Alabama, gehört. Er beschäftigt über 100 wissenschaftliche Mitarbeiter in seinen Laboratorien. Darin wird im Bereich der Plasma-, Nuklear- und Thermophysik experimentiert. Die Wissenschaftler beschäftigen sich außerdem mit der Grundlagenforschung für weit in die Zukunft weisende Projekte. Die Erforschung des elektrischen Raketentriebwerks von morgen ist für immer mit dem Namen Dr. Stuhlinger verbunden. Er ist der Konstrukteur des Marsraumschiffes, das noch in unserem Jahrhundert Menschen zum Roten Planeten tragen wird.

Dr. Stuhlinger wurde bald nach dem Zweiten Weltkrieg mit seinem Freund Wernher von Braun nach den USA geholt; in *Fort Bliss* bastelten sie Raketen für die amerikanische Luftwaffe. Von 162 Landsleuten begleitet, siedelten die beiden Raketenpioniere nach Ausbruch des Koreakrieges nach Huntsville über, um dort ein Projekt aus dem Boden zu stampfen, wie es selbst das an Gigantomanien gewöhnte Amerika noch nicht erlebt hatte.

Damals war Huntsville ein kleines, langweiliges Nest am Rande der Appalachenberge. Mit dem Eintreffen der Raketenmänner verwandelte sich das Baumwollstädtchen in einen Zirkus: Fabriken, Raketenprüfstände, Laboratorien, Riesenhangars und Wellblechbüros schossen binnen weniger Jahre atemberaubend schnell aus dem Boden. Heute leben in Huntsville über 150 000 Menschen; das Städtchen ist aus seinem Schlaf erwacht, und die Huntsviller sind fanatische Weltraumanhänger geworden. Als auf dem Prüfstand die erste *Redstone*-Rakete losdonnerte, rannten noch viele Huntsviller verängstigt in die Keller ihrer Häuser. Wenn heute eine *Saturn*-Rakete getestet wird und ein Krach die Luft erfüllt, als ginge im nächsten Augenblick die Welt unter, kümmert sich kaum noch jemand darum. Die Huntsviller tragen – wie die Herren der Londoner City ihren Schirm – immer ihren Ohrenschutz bei sich. Sie nennen ihre Stadt kurz »Rocket-City«, und wenn der Kongress die angeforderten Raumfahrtmilliarden nicht bewilligen will, dann werden sie böse und aktiv. Die Huntsviller haben allen Grund, auf ihre »Germans« und die NASA stolz zu sein, denn Huntsville hat sich zum größten NASA-Zentrum entwickelt. Hier wurden die Raketen, die Schlagzeilen in aller Welt machten, erdacht und konstruiert, von der kleinen *Redstone* bis zur gigantischen *Saturn V.* – Bisher haben die USA runde 100 Milliarden Mark in das Mondprogramm investiert. 15 *Saturn-V*-Raketen wurden in Auftrag gegeben – für 540 000 000 Mark. Am Start sind die Tanks mit vier Millionen Liter hochexplosivem Treibstoff gefüllt, der eine Leistung von 150 000 000 PS entwickelt. Fast 3000 Tonnen wiegt der Raketengigant. In Huntsville arbeiten unter Wernher von Braun rund 7000 Techniker, Ingenieure und Wissenschaftler verwandter Disziplinen an dem großen Ziel der Eroberung des Weltraums. Im gesamten Raumfahrtprogramm der USA waren 1967 rund 300 000 Wissenschaftler aller Art mit ihren Hilfskräften tätig. Über 20 000 Industriefirmen arbeiten für das größte Forschungsunternehmen der Geschichte.

Der österreichische Wissenschaftler Dr. Pscherra sagte mir bei einem Besuch in Huntsville, die Forschungsgruppen müssten laufend neue »Artikel« entwickeln, die bisher nirgends auf der Welt produziert und angeboten würden.

»Sehen Sie hier!«, sagte er und zeigte mir einen großen Zylinder, in dem es summte und brummte. »Da führen wir Schmierversuche im Hochvakuum durch. Wissen Sie, dass wir keinen der zahllosen auf der Welt hergestellten Schmierstoffe brauchen können? Im Weltraum verlieren sie vollkommen ihre Schmierfähigkeit. Mit den vorhandenen Schmiermitteln stellt selbst ein simpler Elektromotor spätestens nach einer halben Stunde im luftleeren Raum seine Tätigkeit ein. Was bleibt uns übrig, als einen Schmierstoff zu erfinden, der auch im Hochvakuum noch einwandfrei schmiert?«

Aus einem anderen Raum stöhnte und wimmerte es fürchterlich. Zwei überdimensionale, fest im Boden verankerte Schraubstöcke versuchten, eine zehn Zentimeter dicke Metallplatte auseinanderzureißen.

»Auch eine Versuchsreihe, die wir uns gern ersparen würden«, sagte Dr. Pscherra. »Aber unsere Erfahrungen haben gezeigt, dass existierende Metalllegierungen den Beanspruchungen des Weltraums nicht standhalten. Also müssen wir solche finden, die unseren Anforderungen entsprechen. Deshalb diese Zerreißproben und Ermüdungsversuche unter allen nur denkbaren Weltraumsituationen. Wir müssen auch neue Schweißverfahren entwickeln. Die Schweißnähte müssen Kälte-, Hitze-, Schüttel-, Zug- und Drucktests unterworfen werden, damit wir die Grenze ermitteln, an der die Schweißnaht platzt.«

Die Hostess, die mich begleitete, sah auf ihre Uhr. Dr. Pscherra schaute auf die Uhr. Alle starrten auf Uhren. Die NASA-Leute empfinden das freilich nicht mehr; der Besucher registriert es zuerst neugierig, aber dann gewöhnt er sich bald daran, denn der Blick zur Uhr ist eine Standardgeste der NASA-Männer in Cape Kennedy, in Houston, in Huntsville. Ständig scheinen sie etwas mitzuzählen … vier … drei … zwei … eins … null.

Fahrten und Märsche durch Hallen, Korridore, Türen führten nach noch manchen Kontrollen zu einem Mr. Pauli, der ebenfalls aus dem deutschsprachigen Europa stammt und seit 13 Jahren bei der NASA arbeitet. Ich bekam einen weißen Helm mit dem NASA-Zeichen auf den Kopf gestülpt; Mr. Pauli führte mich zum Prüfstand der *Saturn V*. Mit dem schlichten Wort »Prüfstand« ist ein Betonkoloss gemeint, der mehrere hundert Tonnen wiegt, mehrere Etagen hoch ist, zu denen Lifts und Krane führen, den Rampen umgeben, in den ein verwirrendes Netz von mehreren Kilometern Kabel verlegt ist. – Gezündet, macht die *Saturn V* einen Lärm, der noch 20 Kilometer vom Startgelände zu hören ist. Der tief in Fels und Beton verankerte Prüfstand hebt sich bei solchen Versuchen bis zu acht Zentimetern aus seinen Fundamenten, während 1,5 Millionen Liter Wasser pro Sekunde zur Kühlung durch eine Schleuse gepumpt werden. Nur für die Kühlung der Versuche auf dem Prüfstand musste ein Pumpwerk gebaut werden, das mühelos eine Großstadt wie Düsseldorf mit Frischwasser versorgen könnte. Ein einziger Brennversuch kostet knappe fünf Millionen Mark! Billig ist das Weltall nicht zu haben …

Huntsville ist eines von 18 NASA-Zentren. Dies ist die komplette Liste, die man notieren sollte, weil sie vielleicht später mit den Abfahrbahnhöfen zu Weltraumflügen identisch sind:

Armes Research Center, Moffett Field, California Electronics Research Center, Cambridge, Massachusetts Flight Research Center, Edwards, California

Goddard Space Flight Center, Greenbelt, MD
Propulsion Laboratory, Pasadena, California
John F. Kennedy Space Center, Florida

Langley Research Center, Hampton, VA
Lewis Research Center, Cleveland, Ohio
Manned Spacekraft Center, Houston, Texas
Nuclear Rocket Development Station, Jackass Flats
Pacific Launch Operations Office, Lompoc, *California Wallops Station,* Wallops Island, *VA*
Western Perations Office, Santa Monica, *California NASA-Head-Quarter,* Washington DC

Die Weltraumschiffindustrie hat die konjunkturbestimmende Automobilindustrie längst überholt. Auf dem Cape-Kennedy-Weltraumbahnhof waren am 1. Juli 1967 22 828 Menschen tätig; das Jahresbudget – nur dieser Station! – betrug 1967

475 784 000 Dollar!

Das alles, weil einige Verrückte auf den Mond wollen? Wir haben – denken wir – ausreichend überzeugende Beispiele dafür gegeben, was wir heute schon – und als Nebenprodukte – der Raumfahrtforschung verdanken, angefangen bei Geräten des täglichen Bedarfs bis zu komplizierten medizinischen Geräten, die täglich und stündlich in aller Welt Menschen das Leben erhalten. Die in der Entwicklung befindliche Supertechnik ist wahrhaftig kein Fluch für die Menschheit. Sie trägt sie mit Siebenmeilenstiefeln in die Zukunft, die täglich neu beginnt.

Der Autor hatte die Möglichkeit, Wernher von Braun zu seinen hier vorgetragenen Hypothesen um eine Stellungnahme zu bitten:

Halten Sie, Herr Doktor von Braun, es für möglich, dass wir auf anderen Planeten unseres Sonnensystems Leben finden werden?

»Ich halte es für möglich, dass wir niedere Lebensformen auf dem Planeten Mars antreffen werden.«

Halten Sie es für möglich, dass wir nicht die einzigen Intelligenzen im Universum sind?

»Ich halte es für durchaus wahrscheinlich, dass nicht nur pflanzliches und tierisches Leben, sondern auch intelligente Lebewesen in den unendlichen Weiten des Universums existieren. Die Entdeckung solchen Lebens ist eine höchst faszinierende und interessante Aufgabe, aber in Anbetracht der riesigen Entfernungen zwischen unserem eigenen und anderen Sonnensystemen und den noch größeren Entfernungen zwischen unserer Galaxis und anderen galaktischen Systemen ist es fraglich, ob es uns gelingen wird, solche Lebensformen nachzuweisen oder mit ihnen in direkte Verbindung zu treten.«

Wäre es denkbar, dass in unserer Galaxis ältere, technisch fortgeschrittene Intelligenzen leben oder gelebt haben?

»Wir haben bisher keine Beweise oder Anzeichen dafür, dass ältere und technisch fortgeschrittenere Lebewesen, als wir es sind, in unserer Galaxis leben oder gelebt haben. Aufgrund statistischer und philosophischer Überlegungen bin ich jedoch von dem Vorhandensein solcher fortgeschrittener Lebewesen überzeugt. Ich muss aber betonen, dass wir über keine feste, wissenschaftliche Basis für diese Überzeugung verfügen.«

Besteht die Möglichkeit, dass eine ältere Intelligenz im grauen Altertum unserer Erde einen Besuch abgestattet haben könnte?

»Ich will diese Möglichkeit nicht abstreiten. Soweit mir jedoch bekannt ist, haben bisher keine archäologischen Studien irgendeine Basis für solche Spekulationen geliefert.«

Hier endete das Gespräch mit dem viel beschäftigten »Vater der *Saturn*«. Bedauerlicherweise konnte der Autor ihm die Fülle der merkwürdigen Entdeckungen, der Ungereimtheiten, die alte Bücher als ungelöste Rätsel hinterlassen, der unzähligen Fragen, die archäologischen Funde – mit Raumfahrtbrillen betrachtet – aufzwingen, nicht mehr im Detail vortragen.

KAPITEL XII

Denkfabriken sichern die Zukunft – Die alten Propheten hatten es leichter – Der Ring schließt sich

Wo stehen wir heute?

Wird der Mensch einmal den Weltraum beherrschen?

Haben fremde Wesen aus den Tiefen des Kosmos in grauer Vorzeit die Erde besucht?

Versuchen irgendwo im All fremde Intelligenzen Kontakt mit uns aufzunehmen?

Ist unser Zeitalter mit seinen zukunftstürmenden Erfindungen denn wirklich so schrecklich?

Sollte man die kühnsten Forschungsergebnisse geheim halten?

Werden Medizin und Biologie Möglichkeiten finden, den tiefgekühlten Menschen wieder lebendig zu machen?

Werden Erdenmenschen neue Planeten besiedeln?

Werden sie sich mit fremden Ureinwohnern paaren?

Werden Menschen eine zweite, dritte, vierte … Erde schaffen?

Werden eines Tages Spezialroboter die Chirurgen ersetzen?

Werden Krankenhäuser im Jahre 2100 Ersatzteillager für defekte Menschen sein?

Wird in ferner Zukunft das Leben des Menschen durch künstliche Herzen, Lungen, Nieren etc. auf unbestimmte Zeit verlängert werden können?

Wird Huxleys *Schöne neue Welt* eines Tages in ihrer ganzen Unvorstellbarkeit und Kälte Realität sein?

Das Kompendium solcher Fragen könnte den Umfang des Telefonbuchs einer ausgewachsenen Großstadt annehmen. Kein Tag vergeht, an dem nicht an irgendeinem Ort der Welt eine neue, nie geahnte Erfindung gemacht wird – jeden Tag kann eine Frage aus dem Kompendium der Unmöglichkeiten als gelöst gestrichen werden. Die Universität Edinburgh erhielt vom Nuffield-Fonds einen ersten Zuschuss von 270 000 Pfund für die Entwicklung eines intelligenten Computers. Der Prototyp dieses Computers wurde mit einem Patienten ins Gespräch gebracht, und der Patient wollte nach dem Gespräch nicht glauben, dass er es mit einer Maschine zu tun gehabt hatte! Professor Dr. Michie, der diesen Computer konstruierte, behauptete, dass seine Maschine anfing, persönliches Leben zu entwickeln.

Die neue Wissenschaft heißt Futurologie! Ihr Ziel ist die Planung und gründliche Erforschung und Erfassung der Zukunft auf allen zur Verfügung stehenden technischen und denkerischen Wegen. Denkfabriken entstehen überall in der Welt; sie sind nichts anderes als Klöster der Wissenschaftler von heute, die für morgen denken. 164 solcher Denkfabriken arbeiten allein in Amerika. Sie übernehmen Aufträge der Regierungen und der Großindustrie. Die berühmteste Denkfabrik ist die *RAND Corporation* in Santa Monica in Kalifornien. Die *US Air Force* veranlasste ihre Gründung im Jahre 1945. Grund: Die hohen Militärs wünschten sich ein Forschungsprogramm für die interkontinentale Kriegsführung. In dem zweistöckigen, großzügig angelegten Forschungszentrum arbeiten jetzt 843 ausgesuchte wissenschaftliche Kapazitäten. In diesem Gebäude werden erste Gedanken und Pläne für die Grundlagen zu den unwahrscheinlichsten Abenteuern der Menschheit geboren. Schon 1946 errechneten RAND-Wissenschaftler die militärische Nützlichkeit eines Weltraumschiffes. Als RAND 1951 das Programm verschiedener Satelliten entwickelte, wurde es als Utopie bezeichnet. Seit RAND arbeitet, verdankt die Welt diesem Forschungszentrum 3000 exakte Berichte über bisher unbeachtete Phänomene. RAND-Wissenschaftler veröffentlichten über 110 Bücher, die unsere Kultur und Zivilisation unvorstellbar weiterbrachten.

Ein Ende dieser Forschungsarbeit ist nicht abzusehen, es wird es auch kaum geben.

Ähnliche Zukunftsaufgaben werden in diesen Instituten bewältigt: *Hudson Institute*, in Harmon-on-Hudson, N. Y.; *Tempo Center for Advanced Studies* der *General Electric* in Santa Barbara, California; *Arthur Little Institute* in Cambridge, Mass.; *Battelle Institute* in Columbus, Ohio.

Regierungen und Großunternehmen können ohne diese Zukunftsdenker gar nicht mehr auskommen. Regierungen müssen ihre militärischen Planungen weitläufig vorausbestimmen; Großunternehmen müssen ihre Investitionen auf Jahrzehnte vorauskalkulieren. Die Futurologie muss die Entwicklung von Großstädten auf 100 und mehr Jahre im Voraus planen.

Mit heutigem Wissen ausgestattet, fällt es nicht schwer, etwa die Entwicklung für Mexiko für die kommenden 50 Jahre im Voraus zu berechnen. Bei einer solchen Voraussage würde man alle denkbaren Fakten wie die gegenwärtige Technik, die Kommunikations- und Reisemittel, die politischen Strömungen und die möglichen potenziellen Gegner Mexikos berücksichtigen. – Wenn es diese Prognose heute gibt, könnte eine Fremdintelligenz freilich vor 10 000 Jahren eine solche Prognose auch für den Planeten Erde erstellt haben.

Es gibt einen Zwang für die Menschheit, mit allen ihr gegebenen Möglichkeiten die Zukunft vorauszudenken und zu erforschen. Ohne dieses Studium der Zukunft hätten wir wahrscheinlich gar keine Chance, unsere Vergangenheit zu enträtseln. Wer weiß denn schon, ob nicht an den archäologischen Fundstellen wichtige Hinweise für die Enträtselung unserer Vergangenheit herumliegen, ob wir nicht achtlos darauf herumtrampeln, weil wir nichts mit ihnen anzufangen wissen?!

Darum, genau darum schlagen wir ein »Archäologisch-Utopisches Jahr« vor. Wie wir nicht töricht an die Weisheiten aus alten Denkmodellen »glauben« mögen, so verlangen wir nicht, dass unsere Hypothesen »geglaubt« werden. Wir erwarten und erhoffen uns allerdings, dass die Zeit bald reif sein wird, unvoreingenommen die Rätsel der Vergangenheit anzugehen – mithilfe der raffiniertesten Technologien.

Wir können nichts dafür, dass es im Universum Millionen anderer Planeten gibt …

Wir können nichts dafür, dass die viele tausend Jahre alte japanische Statue von Tokomai an ihrem Helm moderne Verschlüsse und Sichtblenden aufweist …

Wir können nichts dafür, dass das Steinrelief von Palenque existiert …

Wir können nichts dafür, dass Admiral Piri Reis seine alten Karten nicht verbrannt hat …

Wir können nichts dafür, dass die alten Bücher und Überlieferungen der Menschheitsgeschichte so viele Ungereimtheiten aufweisen …

… doch wir können etwas dafür, wenn wir das alles wissen, es aber nicht beachten und nicht sehr ernst nehmen!

Der Mensch hat eine grandiose Zukunft vor sich, die seine grandiose Vergangenheit noch überbieten wird. Wir brauchen Weltraumforschung und Zukunftsforschung und den Mut, unmöglich erscheinende Projekte anzupacken. Zum Beispiel das Projekt einer konzertierten

Vergangenheitsforschung, das uns kostbare Erinnerungen an die Zukunft bringen kann. Erinnerungen, die dann bewiesen sein werden und ohne den Appell, an sie glauben zu sollen, die Menschheitsgeschichte erhellen. Zum Segen künftiger Generationen.

Nachwort zur Jubiläumsausgabe

Von Erich von Däniken

Ein lateinisches Sprichwort sagt: »Tempora mutantur, nos et mutamur in illis.« – »Die Zeiten ändern sich, und wir ändern uns in ihnen.« 1966 hatte ich *Erinnerungen an die Zukunft* geschrieben. Mit mehr als 5 Jahrzehnten Distanz verfasse ich dieses Nachwort. Inzwischen bin ich 88 Jahre alt; mein Gehirn und mein Körper funktionieren tadellos. 46 weitere Titel habe ich nach *Erinnerungen an die Zukunft* geschrieben, und alle behandeln dasselbe Thema: Erhielten unsere Vorfahren Besuch aus dem Weltall? Gab es einen außerirdischen Einfluss auf die junge Menschheit? Tragen wir Menschen fremde Gene in uns?

Ab Mai 1968 stand *Erinnerungen an die Zukunft* auf allen deutschsprachigen Bestsellerlisten an der Spitze. Sehr rasch folgten Übersetzungen und die Verbreitung des Buches in insgesamt 32 Länder. Seinerzeit, als ich *Erinnerungen an die Zukunft* verfasste, war ich als Hoteldirektor eines First-Class-Hauses in Davos (Schweiz) tätig. Nach dem Bucherfolg gab ich meinen Hoteljob auf und machte mein Hobby, das Reisen, Forschen und Schreiben, zum Beruf.

Im November 1968 kehrte ich von einer Forschungsreise aus Asien zurück und wurde im Transit des Flughafens Wien verhaftet. Zur internationalen Verhaftung ausgeschrieben von einem jungen Untersuchungsrichter aus meinem Heimatort Davos. Man warf mir Steuerbetrug vor. Sämtliche deutschsprachige Zeitungen berichteten in Schlagzeilen über die spektakuläre Verhaftung. Schließlich war ich Bestsellerautor! Als Gefangener wurde ich von Wien nach Davos transportiert und dort in Untersuchungshaft genommen. Die Medien griffen den jungen Untersuchungsrichter an, der nun die voreilige Verhaftung rechtfertigen musste nach dem Motto »Den Täter haben wir – Taten finden wir dann schon«. Es wurden Geschichten konstruiert, von denen keine einzige der Wahrheit entsprach. Schließlich wurde ich im Herbst 1971 – 3 Jahre später – vom Kantonsgericht des Kantons Graubünden als Betrüger verurteilt und landete in einem Schweizer Gefängnis. Der größte Teil der Medien fand das Urteil grotesk. Das führende Nachrichtenmagazin des deutschsprachigen Raumes – *Der Spiegel* – schrieb von einem »Hexenprozess«. Daraufhin unterzeichneten viele Schweizer Parlamentarier eine Petition zu meinen Gunsten, und mein Rechtsanwalt gelangte an das höchste schweizerische Gericht: das Bundesgericht. Nach über 3 Jahren Haft (!) wurde ich schließlich entlassen.

Die »Causa Däniken« wurde hin- und hergeschoben. Am 13. April 1982 hob dasselbe Kantonsgericht des Kantons Graubünden das Urteil wieder auf (Akte Nr. SF 5/70 vom 23. März 1982). Ich habe keinerlei Vorstrafen. Was allerdings diverse Medien, internationale Lexika und sogar Behörden nicht zur Kenntnis nahmen. Schlimmer noch: Immer wieder wurde kolportiert, nur wegen meiner Verhaftung sei *Erinnerungen an die Zukunft* zu einem Bestseller avanciert. Das Gegenteil stimmt: Das Buch stand bereits seit Mai 1968 auf allen Bestsellerlisten – die Verhaftung erfolgte erst am 19. November 1968. Da war ich bereits seit 7 Monaten Bestsellerautor. Das ganze Affentheater um einen angeblichen Steuerbetrug – den ich nie begangen habe – hat mir sehr geschadet und meine Glaubwürdigkeit bei vielen Menschen zerstört. Mit über 50-jähriger Distanz frage ich mich heute noch, was jenen jungen Untersuchungsrichter zu seiner Anti-Däniken-Jagd angetrieben haben mag. Gehörte er einer Sekte an? Einer Organisation, der mein Weltbild nicht in den Kram passte? Ich konnte den Mann später nicht mehr fragen – er war verstorben. Verziehen habe ich ihm nie.

Im Jahr 2001 produzierte der britische TV-Sender Twenty Twenty eine Biografie über mich. Dabei kam auch der damalige Prozess zur Sprache und die Reporter interviewten ehemalige Prozesszeugen. Ausnahmslos alle verurteilten die damalige Prozessführung.

Weltweit wurde (und werde) ich zu unzähligen Vorträgen und Seminaren eingeladen. Sowohl in öffentlichen Hallen wie auch Hochschulen als auch bei geheimen Gesellschaften. So lernte ich 1973 in den USA den jungen Rechtsanwalt Dr. Gene Phillips kennen. Er war Absolvent der Harvard University und schlug vor, eine »Erich von Däniken Society« zu gründen. Ich wollte allerdings keine Gesellschaft mit meinem Namen, und so entstand die Ancient Astronaut Society = A.A.S. Über einen Zeitraum von 25 Jahren hinweg gab Dr. Gene Phillips insgesamt 150 Nummern des Magazins *Ancient Skies* heraus. (Das Magazin trägt heute den Titel *Legendary Times* und wird von Giorgio Tsoukalos herausgegeben. In Europa heißt das Magazin *Sagenhafte Zeiten*, als Herausgeber fungiert die Gesellschaft für Archäologie, Astronautik und SETI = A.A.S.)

Im Herbst 1972 hielt ich in Huntsville (Alabama, USA) einen Vortrag vor ausgesuchten NASA-Mitarbeitern. Beide Parteien hatten absolutes Stillschweigen über den Anlass vereinbart. Mit dabei waren auch die »Crème de la Crème« der amerikanischen Weltraumbehörde: die Raketeningenieure Dr. K. Pschera, Dr. B. Slattery, Dr. E. Stuhlinger, Dr. E. Sänger, Dr. K. Debus – und natürlich auch der Direktor Dr. Wernher von Braun sowie der Chef der Konstruktionsabteilung, Josef Blumrich. Während jenes Vortrages sprach ich auch 10 Minuten lang über den biblischen Propheten Ezechiel. Ich hatte in *Erinnerungen an die Zukunft* die Meinung vertreten, der biblische Prophet Ezechiel habe ein Raumschiff beschrieben und nicht, wie es die Theologen interpretierten, eine Vision Gottes erlebt. Beim anschließenden Abendessen meinte Josef Blumrich: »Herr von Däniken: In der *Bibel* werden sie Visionen finden, Träume, Fantasievorstellungen – doch mit Sicherheit keine Technologie.« Immerhin, so ergänzte er freundlich, sei ich der Erste, der ihn auf Ezechiel aufmerksam gemacht habe. Jetzt wolle er einmal die *Bibel* lesen.

Nachfolgend befasste sich Josef Blumrich monatelang mit Ezechiel und seiner »Vision«. Das Ergebnis seiner Analysen veröffentlichte er in dem Buch *The Spaceships of Ezekiel* (Corgi Books, London 1974). Im seinem Vorwort schrieb der Raketeningenieur, der maßgeblich an der Entwicklung der *Saturn-V*-Rakete beteiligt gewesen war:

> *It all began with a telephone conversation between Long Island and Huntsville. Our son Christoph mentioned that he had just read a fascinating book about visits from outer space. Its Title:* Chariots of the Gods. *Its author, a certain von Däniken.*
>
> *For me, an engeneer who began his career in aircraft design in 1934, and who was working on large rockets and spacecrafts, such books provide wonderful entertainment, and more: they describe existing events that occur at times and in places that cannot be checked. So, when the »Däniken« arrived, I read, smiled, grinned and laughed – until I found the passage in which von Däniken writes about the prophet Ezekiel. Here were technical statements and claims right in the fields of my own professional knowledge! Suddenly it seemed very easy – I would take a* Bible *and would explain why a certain von Däniken was wrong. How sure I was!*

I soon lost my grin, became profoundly curious, and what followed was a wonderful experience, unusual in every respect, an undertaking which was done exclusively in my spare time, since NASA, my employer, is not engaged in such matters.

Hardly ever was a total defeat so rewarding, so fascinating and so delightful.

Zu einer ähnlichen »Umkehr der Werte« gelangte auch Prof. Dr. Pasqual Schievella, damals Präsident des Council for Critical Analysis in New York. Er wurde Mitglied der A.A.S. und meinte: »Erich von Däniken und die A.A.S. erwarten nicht mehr von der Welt, als dass ihnen das Recht zugestanden wird, ihre Ideen im gleichen Geiste wie die Wissenschaft verfolgen zu dürfen, und dass ihre Funde mit der gleichen respektvollen Aufmerksamkeit aufgenommen werden wie diejenigen anderer Wissenschaften.«

In den 1970er- und 1980er-Jahren arbeitete in New York Dr. Luis Navia als Professor der Philosophie am New York Institute of Technology. Ursprünglich ein Gegner meiner Hypothesen, mutierte er nach mehrjähriger Prüfung aller Indizien zum Freund. 1976 erschien in Deutschland sein Buch *Unsere Wiege steht im Kosmos* (Düsseldorf, 1976). Prof. Dr. Luis Navia: »Die Theorie von den prähistorischen Astronauten ist kein pseudowissenschaftliches Gift, gegen das die Wissenschaft Gegenmittel entwickeln sollte. Diese Theorie ist eine vernünftige hypothetische Erklärung für zahlreiche Informationen, die wir bisher nicht verstehen.«

Es gab nicht nur Zustimmung, sondern auch eine vehemente Gegnerschaft – insbesondere nachdem mein Film *Chariots of the Gods* in den USA gleich achtmal von Küste zu Küste ausgestrahlt worden war und das Buch in der *New York Times* Platz eins der Bestsellerliste erklommen hatte. Daraufhin erschien ein Anti-Däniken-Buch mit dem Titel *Crash Go the Chariots*. Der Autor, ein gewisser Dr. Clifford Wilson, verriss mich und meine Ideen total. Alles, was ich geschrieben habe, seien Erfindungen, Lügen oder bestenfalls Missverständnisse. Ich würde von Archäologie rein gar nichts verstehen und die respektierten Deutungen von führenden Wissenschaftlern missachten. Die Wüste von Nazca in Peru – so Dr. Clifford Wilson – sei zu keiner Zeit ein antiker Flughafen gewesen, wie ich behaupte, und die Grabplatte von Palenque in Mexiko zeige schon gar keinen Außerirdischen, sondern schlicht einen Maya-Fürsten namens Pacal. Der biblische Prophet Ezechiel habe nie und nimmer ein Raumschiff beschrieben, sondern eine göttliche Vision erleben dürfen. Dies sei von mehreren einflussreichen Theologen eindeutig belegt worden. Meine biblischen Exkurse glichen

Teufelswerk; zudem sei ich ein Plagiator, denn die französischen Autoren Louis Pauwels, Jacques Bergier und Robert Charroux hätten das Thema schon längst vor mir behandelt. Und so weiter und so fort.

Alles in allem bedeutete *Crash Go the Chariots* einen ziemlichen Absturz für mich. Meine Glaubwürdigkeit und mein Ruf wurden (schon wieder!) zerfleddert. Viele US-Zeitungen lobten den Anti-Däniken-Autor Clifford Wilson in den Himmel. Endlich, so wurde frohlockt, habe ein Professor der Archäologie diesen Amateur von Däniken entlarvt. Religiöse Zeitschriften stempelten mich zum Atheisten.

Wer war dieser Däniken-Wiederleger? Dieser Dr. Clifford Wilson, Professor der Archäologie? An welcher Hochschule dozierte er? Ich wandte mich an meinen US-Verleger und bat um Erklärungen. Doch der meinte, Anti-Bücher würden die Diskussion anheizen und der Auflage nicht schaden. Aber meinem Ruf. So begann damals ein Kampf gegen Verdrehungen und Missverständnisse, den ich international gleich mehrsprachig führen durfte und darf. Der gutgläubige Laie ahnt nicht, mit welchen Methoden in Büchern, beim TV und selbstverständlich auch im Internet die Dinge verfälscht werden können, sodass sich die sprichwörtlichen Balken biegen. Ich mag die Sendungen gegen meine Hypothesen nicht mehr zählen, doch steht es mir als Hauptbetroffenem zu, gegen das »Komplott der Verdrehung« Stellung zu beziehen.

In keinem meiner Bücher steht, Nazca sei »der Weltraumflughafen der Götter« gewesen. Doch dauernd werde ich in Dokumentationen und sogar in wissenschaftlichen Publikationen mit diesem Unsinn – der nicht von mir stammt – konfrontiert. Zudem habe ich sämtliche Nazca-Theorien in einem eigenen Buch sauber behandelt (*Zeichen für die Ewigkeit*, München 1997). Dem ahnungslosen und staunenden Publikum werden in weltweit ausgestrahlten Dokumentarserien Bilder vorgeführt, die mit den Rätseln von Nazca überhaupt nichts zu tun haben. Da wird beispielsweise gezeigt, wie ein Archäologe mit den Schuhen einige braune Steine und Sand von der Wüstenoberfläche wegkratzt. Darunter kommt ein heller Untergrund zum Vorschein. So wird suggeriert, in Nazca existierten keine Rätsel, denn es gehe doch nur um das leichte Entfernen von Sand und Steinen, um die Figuren im Boden von Nazca entstehen zu lassen. Die tatsächlichen Sensationen von Nazca sind aber gar nicht die wenigen Scharrzeichnungen, sondern das gigantische Netz von Linien, die – aus der Luft betrachtet – wie uralte Flugpisten aussehen. Hinzu kommen regelrecht abgesägt erscheinende, künstlich abgeflachte Berge. Nichts davon ist in den pseudowissenschaftlichen TV-Dokumentationen zu sehen. (Als Augenöffner zeige ich hier vier eindrucksvolle Bilder.)

Oder: Selbstverständlich haben die Fachleute recht mit ihrer Ansicht, die Grabplatte von Palenque in Mexiko zeige keinen Außerirdischen, sondern Pacal, den zweitletzten Herrscher der Maya-Stadt. Doch dies in einer Position, in welcher er ins Weltall fährt. Jede Kleinigkeit auf der phänomenalen Platte hat mit dem Universum zu tun. Dies bestätigen die dem Stand der Dinge nach aktuellsten wissenschaftlichen Forschungen der besten Maya-Epigrafen, die Professoren Stuart und Stuart (Stuart, David und George: *Palenque: Eternal City of the Maya*, London 2008).

In den Pseudodokumentationen vernimmt man kein Wort davon. Die sogenannte wissenschaftliche Aufklärung ist manchmal nicht nur ein Machwerk, sondern auch noch eine ziemliche Schluderei. Jeder Kenner der Materie durchschaut den Schrott augenblicklich – doch der Laie hat keine Ahnung und muss aufnehmen, was ihm vorgesetzt wird. In den miserablen TV-Dokumentationen weiß der Cutter einer Produktion oft nicht, welches Bild zum Text gehört. Und der Editor ist nicht dieselbe Figur wie diejenige, die möglicherweise irgendwann ein Interview mit mir geführt hat. Bei dieser Arbeitsweise darf es nicht verwundern, wenn die Bilder nicht zum Text passen. In einer der Sendungen informierte der Sprecher mit sachlich wirkenden Formulierungen über eine unterirdische Gruft in Dendera, Ägypten. Dazu fuhr, man mag es kaum glauben, die Kamera in den so bezeichneten »Aufsteigenden Gang« in der Großen Pyramide. Das eine hat mit dem anderen so viel zu tun wie der Yeti mit dem Vatikan. Oder es wurden Maya-Pyramiden in Zentralamerika gezeigt – während der Sprecher von den Inka in Südamerika redete. Dazwischen liegen Welten! Oder es wurde mir unterstellt, ich hätte geschrieben, dass ETs vor Jahrtausenden auf die Erde gekommen seien, um hier Gold zu horten. Nichts dergleichen steht in meinen Büchern. Der Gedanke mit dem Gold stammt von Zecharia Sitchin und ist ein Thema seiner Werke.

Auch Prof. Dr. Clifford Wilson unterschob mir Dinge, die bei mir nirgendwo zu lesen waren. Und mit seiner eigenen Glaubwürdigkeit stand es auch nicht zum Besten. Oh ja, der Prophet Ezechiel hatte keine Vision des Herrn, sondern er erlebte die Landung eines außerirdischen Zubringerraumschiffs (Shuttle). Siehe Josef Blumrich!

Und wie verhielt es sich mit dem Vorwurf, ich sei ein Plagiator?

Einige Jahre *vor* dem Erscheinen von *Erinnerungen an die Zukunft* hatte ich in diversen Zeitungen und Magazinen über mein späteres Buchthema geschrieben. Zum Beispiel während der Jahre 1960 bis

1964 im Magazin *Neues Europa*, das in Baden-Baden erschien. Oder im Jahr 1964, als ich in der im kanadischen Winnipeg erscheinenden Zeitung *Der Nordwesten* eine ganze Seite zur Verfügung gestellt bekam und auf dieser den Artikel »Erhielten unsere Vorfahren Besuch aus dem Weltall?« publizierte. Das war 3 Jahre *bevor* meine französischen Kollegen Louis Pauwels und Jacques Bergier ihr Werk *Le matin des magiciens* veröffentlichten. Der französische Schriftsteller Robert Charroux, den ich plagiiert haben sollte, und ich pflegten eine jahrelange Korrespondenz. Wir schickten uns sogar Postkarten von unseren Reisen. So wehrte sich denn Robert Charroux vehement gegen die dummen Plagiatsvorwürfe. Charrouxs Bücher erschienen schließlich in Deutschland bei meinem Verleger. Ich hatte mich dafür eingesetzt. Auch der Franzose Jacques Bergier und ich korrespondierten schon miteinander, *bevor* unsere Bücher erschienen. Jacques Bergier war übrigens auch Referent auf der zweiten Weltkonferenz der A.A.S. in Zürich. Zudem waren alle diese Autoren im Literaturverzeichnis meines ersten Buches *Erinnerungen an die Zukunft* mit ihren Buchtiteln aufgelistet worden – so, wie es in der Literatur üblich ist.

Prof. Dr. Clifford Wilson und viele andere wussten nichts davon. Viel später erfuhr ich, dass Mister Clifford Wilson kein Professor der Archäologie, sondern ein Priester, und zwar ein bekennender Kreationist, war. Für die Kreationisten existieren weder eine langsame Entwicklung vom Affen zum Vormenschen im Sinne der Evolutionstheorie noch gar Eingriffe von außen. Heute weiß ich, dass der ehrenwerte Dr. Clifford Wilson mehrere Bücher über die *Bibel* und Jesus verfasste. Wunderbar! – Langsam wurde mir klar, aus welcher Küche der Anti-Däniken-Brei stammte.

Weltweit erschienen im Laufe der Jahre mehr und mehr Bücher, die meine Hypothesen unterstützten. Mutige Gelehrte trauten sich, meine Ansichten zumindest teilweise zu bestätigen. So der Anthropologe Prof. David Horn von der Colorado State University (Horn, David: *Götter gaben uns die Gene*, Berlin 1997) oder Prof. Dr. Kurz Becsi aus Wien mit seinem Buch *Galaktische Philosophie* (Wien 1979). Nicht zu vergessen sind hier auch der berühmte Astronom und Mathematiker Sir Fred Hoyle, der gemeinsam mit dem Astrophysiker Chandra Wickramasinghe das Buch *Evolution from Space* (London 1981) publizierte. Auch der Archäologe Prof. Dr. Hans Schindler-Bellamy (Wien) unterstützte meine Ideen (Bellamy, H. S.: The Great Idol of Tiahuanaco, London 1978). In Indien war es Dr. Dileep Kumar Kanjilal, Professor für Sanskrit am Sanskrit-College von Kalkutta, der sich in mein Thema einarbeitete. Er veröffentlichte schließlich das Buch *Vimanas in Ancient India* (Kalkutta 1985). Darin belegte Professor Kanjilal blitzsauber die fliegenden Maschinen in den altindischen Schriften. Kanjilal: »Aus altindischen Texten lässt sich eindeutig belegen, dass die Erde in grauer Vorzeit besucht und beeinflusst wurde.«

Schließlich begannen immer mehr Intellektuelle aus allen Fachrichtungen, sich mit meinen Gedankengängen auseinanderzusetzen. So entstanden weltweit phänomenale Buchreihen. Am bekanntesten ist wohl Zecharia Sitchins Serie »Earth Chronicles« mit dem ersten Band *The 12th Planet* (New York 1979). Oder David Hatcher Childress' hervorragende Buchreihe »Lost Cities Series«, die durch das Magazin *World Explorer* ergänzt wird. Bis heute kenne ich 62 Buchtitel diverser akademischer Autoren, die sich zu meinen Hypothesen äußerten. Jeder Gelehrte behandelte das Thema auf Basis seines Fachwissens und kam zum selben Resultat: Die Erde muss vor Jahrtausenden von Außerirdischen besucht worden sein. Die weltweite Gesamtauflage aller Bücher sämtlicher Autoren zu diesem Thema dürfte inzwischen bei über 700 Millionen Exemplaren liegen. (Meine eigenen Titel erreichten bislang eine Auflage von 80 Millionen.)

Seit dem Jahr 2010 sind alle meine Titel auch in China erhältlich. Die Volksrepublik betreibt ein intensives Weltraumprogramm und möchte in Zukunft eigene Astronauten sowohl zum Mond als auch zum Mars schicken. Die chinesische Weltraumstation trägt den Namen *Tiangong*. Das bedeutet »himmlischer Palast«. Genau darüber hatte ich in früheren Büchern geschrieben, nämlich über die »himmlischen Paläste« der chinesischen Urkaiser. Also fand ein chinesischer Verleger: Erich von Dänikens Bücher gehören auf den chinesischen Markt!

Ganz allgemein bleibt festzuhalten, dass trotz bestimmter Kritik aus dem Lager der theologischen und konservativen Lehrstühle die Wissenschaft mehr und mehr auf meine Hypothesen zugeht. Daraus ergaben sich wie selbstverständlich TV-Serien. Im Jahr 1993 entstand bei der größten deutschsprachigen TV-Anstalt Sat.1 die Serie *Auf den Spuren der Allmächtigen*. Alle Texte stammten von mir – ich fungierte auch als Moderator der Serie, die aus 25 Teilen zu je 45 Minuten bestand. 1996 produzierte das US-Fernseh- und Hörfunk-Network ABC eine Dokumentation mit mir. Im selben Jahr übernahm der deutsche Sender RTL den Film. Mit 4,57 Millionen Zuschauern erreichte die Sendung die höchste Einschaltquote aller Kanäle. 69 Prozent der Zuschauer waren unter 50 Jahren. Selbst die Wiederholung am 1. Mai 1997 lockte nochmals 3,17 Millionen vor die Bildschirme. Großartige Kinofilme wie *Prometheus* (Ridley Scott) oder *Star Gate* (Roland Emmerich) wurden durch mein Gedankengut beeinflusst. Dies bestätigen die Regisseure.

2009 begann der US-amerikanische History Channel mit einer Dokumentation über meine Hypothesen. Sie trägt den Titel *Ancient Aliens*. Weil die TV-Serie höchste Einschaltquoten erreicht, werden immer neue Fortsetzungen produziert. Bis heute – Stand August 2023 – wurden insgesamt 280 Fortsetzungen gedreht. Sowohl die Texte wie auch der größte Teil der Moderation stammen von mir.

Ach ja, um es wenigstens erwähnt zu haben: 1975 verlieh mir die Universidad Boliviana, die staatliche Universität in Sucre, Bolivien, den Doktor honoris causa (Dr. h. c.). Die peruanischen Städte Nazca und Ica ehrten mich genauso wie die brasilianische Metropole Curitiba. In Rio de Janeiro erhielt ich den »Prêmio Medalha Lourenço Filho« (Laurenço Filho war ein in Brasilien sehr bekannter Pädagoge). Und im Herbst 2004 ehrte mich der World Explorers Club mit dem »World Explorer Price«. Die Zeremonie fand an der Technischen Universität von Lodz (Polen) statt.

Anlässlich meines 80. Geburtstags am 14. April 2015 organisierte mein deutscher Verlag, der Kopp Verlag, in Sindelfingen (bei Stuttgart) einen »Erich-von-Däniken-Kongress«. 3000 Besucher waren anwesend und viele prominente Gäste hielten Vorträge. Darunter waren der britische Astrophysiker Prof. Dr. Chandra Wickramasinghe und der US-Astronaut Edgar Dean »Ed« Mitchell. Und selbstverständlich meine Schriftsteller- und Forschungskollegen Peter Fiebag, Michael Tellinger, Robert Bauval und Graham Hancock. Schließlich wurde ich am 15. Oktober 2016 in London geehrt. Dort fand im ehrwürdigen Princess-Anne-Theater am Piccadilly eine »Erich von Däniken Legacy Night« statt. Mein anderthalbstündiger Vortrag endete mit Standing Ovations.

Auch hatte ich im Verlauf der vergangenen Jahre immer wieder Gelegenheit, außergewöhnliche Menschen kennenlernen zu dürfen. Nicht wenige von ihnen besuchten mich in meinem kleinen Bergdorf Beatenberg. Dieses liegt im Berner Oberland. Die Gespräche mit diesen hochgeschätzten und ausnahmslos feinfühligen Persönlichkeiten blieben unvergesslich. Darunter waren Männer wie der frühere sowjetische Kosmonaut Georgi Gretschko oder der US-Astronaut Edgar Dean

Mitchell. Wir unterhielten uns jeweils lange unter vier Augen, und nicht alles, was wir besprachen, gehört an die Öffentlichkeit.

In all den Diskussionen der vergangenen Jahre lernte ich, dass insbesondere die akademische Welt einige Punkte meiner Hypothese nicht verstanden hat, die sich durch folgende Fragen charakterisieren lassen:

1. Weshalb sollten ETs auf der Erde Spuren hinterlassen?
2. Weshalb sollen ETs im Laufe der irdischen Evolution »ausgerechnet jetzt« auf die Menschheit gestoßen sein?
3. Weshalb sollen Außerirdische menschenähnlich aussehen, menschenähnlich denken und handeln?

Zu Frage 1: Es sind die Menschen, *nicht* die Außerirdischen, welche die gewaltigen Denkmäler der Vergangenheit schufen. Also die Pyramiden in Ägypten, Stonehenge in England oder die Akropolis in Athen. Aber die ETs ermunterten unsere steinzeitlichen Vorfahren zu ihrem Tun. Weshalb, um Gottes Willen, taten sie das? Weil sie wussten, dass die gewaltigen Bauwerke Jahrtausende überstehen würden. Weil sie wussten, dass die Menschen der Zukunft – also wir! – darüber stolpern würden. *Aufgrund* dieser Bauwerke würden die künftigen Menschen anfangen, Fragen zu stellen und schließlich nach den Hinterlassenschaften der Götter zu suchen beginnen. Exakt dies geschieht jetzt – *aufgrund* der Bauwerke. Der Plan ist aufgegangen!

Zu Frage 2: Die ETs griffen mehrmals ins menschliche Genom ein. Die Erde war nie ein geschlossenes System. Sie ist in gewisser Weise vergleichbar mit einem heutigen Apfelbaum. Irgendwo und irgendwann mag es einen »Ur-Apfelbaum« gegeben haben, doch wir Menschen veränderten ihn durch die Methode des Pfropfens. Wir griffen ins Genom ein. Der Rest ist geplante Evolution. Sie verläuft zwingend und ohne weitere Eingriffe. Wären die ETs vor 1 Million Jahren zum ersten Mal aufgetaucht und hätten sie dann ins Genom eingegriffen, so hätten wir uns vor 1 Million Jahren gefragt: Weshalb kommen sie ausgerechnet jetzt? Und würden sie erst in 100 000 Jahren in der Zukunft hier anlanden, so würden wir uns dann ebenfalls fragen: warum ausgerechnet jetzt? Das »ausgerechnet jetzt« ist ein Gummiband, immer verknüpft mit der Intelligenzwerdung des Menschen.

Zu Frage 3: Schon der schwedische Nobelpreisträger Svante Arrhenius (1859–1927) hatte eine Ausbreitung des Lebens im Kosmos vorgeschlagen. Daraus entwickelte der Nobelpreisträger Sir Francis Crick

(1916–2004) die Theorie von der Panspermie (Artikel »Directed Panspermia« in: *Icarus*, Nummer 19, 1973, sowie *Life Itself*, London 1981). Die Überlegungen dahinter? Irgendwo begann das erste Leben. Weshalb und auf welche Weise dies geschah, entzieht sich unserer Kenntnis. Ein Kreis hat weder Anfang noch Ende. Die erste intelligente Lebensform wollte ihre eigene Lebensart in ihrer Milchstraße vermehren. Also infizierte sie einen Sektor ihrer Galaxis mit Lebensbausteinen (DNA). So entwickelte sich überall dort, wo ähnliche Planeten existierten, ähnliches Leben. Doch die ursprüngliche Information kam von außen. Genau dies verkünden die alten Menschheitsüberlieferungen: »Lasset uns Menschen machen nach unserem Ebenbild, uns ähnlich [...], und Gott [oder die Götter] schuf den Menschen nach seinem Ebenbild, nach dem Bilde Gottes schuf er ihn.« (1. Mos. 1, 27)

Die Fragen »Weshalb sind Außerirdische uns ähnlich?« und »Weshalb sollten sie ähnlich denken und handeln wie wir?«, sind falsch gestellt. Die ETs ähneln nicht zufälligerweise uns, sondern wir sind ihnen ähnlich. Was nicht dasselbe ist. Wir sind Ableger eines anderen Systems.

Und jene »Götter« versprachen vor Jahrtausenden, sie würden dereinst wieder auf die Erde kommen. Sie sind bereits da. Schockieren uns aber liebenswürdigerweise nicht, indem sie sich direkt offenbaren. Schließlich kennen sie unsere Reaktionen sehr genau. Sie sind wie wir – und umgekehrt.

Literaturverzeichnis

In der nachstehenden Aufstellung sind alle jene Werke aufgeführt, auf die sich die vorstehende Darstellung stützt, und Werke, in denen weiteres Material zu den Thesen und Gedankengängen des Verfassers zu finden ist.

Allen, T.: *The Quest* (*Chilton Books,* Philadelphia 1965)

Bass, G. F.: *Archäologie unter Wasser* (Lübbe, 1966)

Boschke, F. L.: *Erde von anderen Sternen* (Econ, 1965)

Bacon, E.: *Auferstandene Geschichte* (*Orell Füssli,* 1964)

Betz, O.: *Offenbarung und Schriftforschung der Qumransekte* (Mohr, 1960)

Burrows, M.: *Mehr Klarheit über die Schriftrollen* (Beck, 1958)

Braun, W. von: *The next 20 years of interplanetary exploration* (*Marshall Space Flight Center,* Huntsville 1965)

Charroux, Robert: *Phantastische Vergangenheit* (Herbig, 1966)

Charroux, Robert: *Verratene Geheimnisse* (Herbig, 1967)

Clark, Gr.: »Die ersten 500 000 Jahre« (Aus: *Die Welt aus der wir kommen,* Knaur, 1961)

Clarke, Arthur C.: *Über den Himmel hinaus* (Econ, 1960)

Clarke, Arthur C.: *Im höchsten Grade phantastisch* (Econ, 1963)

Clarke, Arthur C.: *Eine neue Zeit bricht an* (Econ, 1968)

Cordan, W.: *Das Buch des Rates, Mythos und Geschichte der Maya* (Diederichs, 1962)

Cottrel, L.: *Die Schmiede der Zivilisation* (Diana, 1962)

Cyril, A.: »Gott-Könige besteigen den Thron« (Aus: *Die Welt aus der wir kommen,* Knaur, 1961)

Dupont, A. : *Les écrits esseniens découverts près de la mer morte* (*Payot,* 1959)

Dutt, M. Nath : *Ramayana* (Calcutta 1891)

Einstein, A.: *Grundzüge der Relativitätstheorie* (Vieweg, 1963)

Fallaci, O.: *Wenn die Sonne stirbt* (Econ, 1966)

Hapgood, Ch. H.: *Maps of the ancient Sea Kings (Chilton Books,* Philadelphia und New York 1965)

Heyerdahl, Th.: *Aku-Aku* (Ullstein, 1957)

Heindel, M.: *Die Weltanschauung der Rosenkreuzer,* (Rosenkreuzer Zürich)

Hertel, J.: *Indische Märchen* (Diederichs, 1961)

Herodot: *Historien, Bücher I–XI*
Hoenn, K.: *Sumerische und akkadische Hymnen und Gebete* (Artemis, 1953)
Keller, W.: *Und die Bibel hat doch recht* (Econ, 1955)
Kramer, S. N.: *Geschichte beginnt mit Sumer* (List, 1959)
Kühn, H.: *Wenn Steine reden* (Brockhaus, 1966)
Lhote, H.: *Die Felsbilder der Sahara* (Zettner, 1958)
Lovell, Sir B.: *Neue Wege zur Erforschung des Weltraums* (Vandenhock und Ruprecht, o. J.)
Lohse, E.: *Die Texte aus Qumran* (Kösel, 1964)
Ley, Willy: *Die Himmelskunde* (Econ, 1965)
Mallowan, M. E. L.: »Geburt der Schrift, Geburt der Geschichte« (Aus: *Die Welt aus der wir kommen,* Knaur, 1961)
Mellaart, J.: »Der Mensch schlägt Wurzel« (Aus: *Die Welt aus der wir kommen,* Knaur, 1961)
Mason, J. A.: *Das alte Peru* (Kindler, 1965)
Pakraduny, T.: *Die Welt der geheimen Mächte* (Tiroler Graphik, 1952)
Pauwels, L. und Bergier, J.: *Aufbruch ins dritte Jahrtausend* (Scherz, 1962)
Pauwels, L. und Bergier, J.: *Der Planet der unmöglichen Möglichkeiten* (Scherz, 1968)
Prause, G.: *Niemand hat Kolumbus ausgelacht* (Econ, 1966)
Reiche, M.: *The mysterious markings of Nazca* (New York 1947)
Reiche, M.: *Mystery on the Desert* (Lima 1949)
Rüegg, W.: *Kulte und Orakel im alten Ägypten* (Artemis, 1960)
Rüegg, W.: *Zauberei und Jenseitsglauben im alten Ägypten* (Artemis, 1961)
Rüegg, W.: *Die ägyptische Götterwelt* (Artemis, 1959)
Roy, P. Ch.: *Mahabharata* (Calcutta 1889)
Santa, E. della: *Viracocha* (Brüssel 1963)
Sänger, E.: *Raumfahrt heute, morgen, übermorgen* (Econ, 1963)
Schwarz, G. Th.: *Archäologen an der Arbeit* (Franke, 1965)
Schenk, G.: *Die Grundlagen des XXI. Jahrhunderts* (Deutsche Buchgemeinschaft, 1965)
Shapley, H.: *Wir Kinder der Milchstraße* (Econ, 1965)
Shklovskij, I. S. und Sagan, C.: *Intelligent life in the universe* (*Holden-Day-Inc.,* 1966)
Sugrue, Th.: *Edgar Cayce* (*Dell Books,* 1957)
Sullivan, Walter: *Signale aus dem All* (Econ, 1966)
Teilhard de Chardin, P.: *Die Entstehung des Menschen* (Beck, 1963)

Teilhard de Chardin, P.: *Die Zukunft des Menschen* (Walter, 1963)
Teilhard de Chardin, P.: *Der Mensch im Kosmos* (Beck, 1965)
Tozzer, A. M.: *Chichén Itzá and its cenote of sacrafice* (*Memoirs of the Peabody Museum,* Cambridge, Mass., 1957)
Velikovsky, I.: *Worlds in collision* (*Doubleday & Co,* New York 1950)
Veit, K. L.: *Dokumentarbericht »7. Internationaler Weltkongreß der UFO-Forscher in Mainz 1967«* (Ventla-Verlag, Wiesbaden 1968)
Watson, W.: »Im Bannkreis von Cathay« (Aus: *Die Welt aus der wir kommen,* Knaur, 1961)
Wauchope, R.: *Implications of radiocarbon dates from Middle and South America* (*Tulane University,* New Orleans 1954)
Ziegel, F. Y.: *Nuclear explosion over the Taiga* (*US-Dep. of Commerce, Office of technical Service,* 1962)

ALLGEMEINES

Kunst der Welt, 4 Bände (Neue Schw. Bibli., 1960 und 1961)
Die Edda, 2 Bände (Altnordische Dichtungen, Thule)
Gilgamesch, Epos der alten Welt (Insel)
Relacion de las cosas de Yucatan (D. Landa, Mexico 1938)
Das Mahabharata (Roy Biren, Diederichs, 1961)
Shells and other Marine material from Tikal (*University of Pennsylvania,* 1963)
Chichén Itzá (*Instituto Nacional de Antropologia e Historia Mexico,* 1965)
Bhagavadgita (Diederichs, 1922)
Die Heilige Schrift des Alten Testamentes (Zwingli, Zürich)
Traktat über die Kriegskunst (Minist. für Nationale Verteidigung, Berlin 1957)
Gulliver's Travels (J. Swift, 1727)
Dokumentarbericht über den 4. internationalen UFO/IFO-Kongress in Wiesbaden (Karl Veit, 1960)
Report from Mars (*Mariner* 1964–1965), *(Jet propulsion Laboratory, California Institute of Technology)*
The search for extraterrestrial life (NASA, Washington, DC)
NASA at the John F. Kennedy Space Center
Manned space flight 1966 (NASA)
Meteorological satellites and sounding rockets (NASA, 1966)

Astronaut training (*Manned Spacecraft Center,* Houston, *Fact sheet 290*)

NASA-FACTS Vol II., No. 13

NASA-FACTS Vol II., No. 5

NASA Mashall Space Flight Center (*Public Affairs Office,* 29. March 1966)

NASA Mashall Space Flight Center (*Public Affairs Office,* 5. August 1966)

NASA Mashall Space Flight Center (*Public Affairs Office,* 26. September 1966)

NASA Mashall Space Flight Center (*Public Affairs Office,* 29. September 1966)

Der Spiegel, Nr. 46, vom 06.11.1967

Stern, Nr. 47, vom 19.11.1967

Süddeutsche Zeitung, München, vom 21./23.11.1967

Die Zeit, Nr. 46, vom 17.11.1967/Nr. 47 vom 25.11.1967/Nr. 51 vom 22.12.1967

Zweites Deutsches Fernsehen: *Invasion aus dem Kosmos?* vom 06.11.1967

Register